퍼스널컬러
이미지 마케팅

컬러로 어떻게 하면 예뻐질 수 있을까

컬러로 어떻게 예뻐질 수 있을까

퍼스널컬러 이미지 마케팅

초판 1쇄 인쇄 ㅣ 2021년 7월 05일
초판 4쇄 발행 ㅣ 2023년 9월 27일

지은이 ㅣ 이소은
일러스트 ㅣ 문여진
펴낸이 ㅣ 최화숙
편 집 ㅣ 유창언
펴낸곳 ㅣ **이코노믹북스**

등록번호 ㅣ 제1994-000059호
출판등록 ㅣ 1994. 06. 09

주소 ㅣ 서울시 마포구 성미산로2길 33(서교동) 202호
전화 ㅣ 02)335-7353~4
팩스 ㅣ 02)325-4305
이메일 ㅣ pub95@hanmail.net ㅣ pub95@naver.com

ⓒ 이소은 2021
ISBN 978-89-5775-243-2 13320
값 17,000원

퍼스널컬러 이미지 마케팅

컬러로 어떻게 하면 예뻐질 수 있을까

이소은 지음

이코노믹북스

●●● 감수 및 추천사

테이스트스케일법(Taste Scale method)이라는 방법을 패션과 디자인 현장에 잇기 위해 시도한 지 벌써 20년이라는 세월이 흘렀습니다. 그동안 한국에서도 색채 관련 분야에 종사하시는 선생님들에게 이 노하우를 알려드릴 수 있었습니다. 이소은 씨도 그중 대표적인 한 분입니다.

사람의 개성에 맞는 「제품」을 제안하고 싶을 때 패션이라는 분야에서는 양복, 안경이나 손목시계, 액세서리, 구두 등 더 나아가 개개인의 메이크업, 헤어스타일, 네일아트까지 다양한 내용을 생각할 수 있습니다. 테이스트스케일법은 제품을 보고 느끼는 감각을 누구보다도 구체적으로 전달할 수 있는 방법으로, 패션 컨설팅 현장에서 활용되고 있습니다.

이소은 씨는 한국에서 이것을 현장과 이어준 선구자입니다. 이 멋진 책을 통해 이소은 씨가 느끼고 생각하는 많은 것들을 얻으실 수 있기를 바랍니다. 그리고 이 책이 자신에게 맞는 패션을 찾아내고 자신만의 풍요로운 생활을 만들어낼 수 있게 해주기를 바랍니다.

-테이스트스케일법 주재

가와나미 다카꼬 KAWANAMI TAKAKO

우리는 매일 사람들과 관계하면서 살고 있습니다. 현대 시대의 이미지관리는 이젠 누구나에게나 필요한 시대가 되었고 때와 장소에 따라 자신을 어떻게 드러내야 하는지를 잘 알고 관리하는 사람이 성공하는 시대가 되었습니다. 스타일은 시대를 따라 꾸준하게 성장하고 우리는 사회가 요구하는 사람이 되기 위해 혹은 사랑받기 위해 자신다움을 알리려고 합니다. 그렇기 때문에 자신에게 맞는 자기다움을 알리는 스타일과 컬러는 중요합니다.

저는 스타일리스트로 시작해 30여 년을 내면, 외면을 찾는 컬러에 집중하면서 자기를 알고 자기를 제대로 보여주는 것에 대한 중요성을 누구보다도 잘 알고 있기에, 이 책은 그런 분들에게 정말 중요하며 도움이 될 것이라 생각합니다.

스타일과 컬러에 대해 누구보다도 열정을 가진 이소은 대표는 처음 만날 때부터 지금까지 자신의 소명을 꾸준히 준비하며 무엇이든 배우는 자세로 임하는 멋진 분이며 늘 저에게도 동기부여라는 선물을 주는 분입니다. 좀 더 실용적이고 명확한 책을 만들기 위해 오랫동안 고민하여 집필하는 모습을 보며 이 책이 많은 분들에게 귀하게 쓰여질 수 있겠다는 생각을 했습니다.

아침마다 혹은 중요한 일이 있을 때마다 스타일이나 컬러에 대해 고민하는 분들이 이 책으로 멋진 자신을 발견할 수 있도록 해주는 필독서가 될 것입니다.

－숭실대학교 대학원 이미지경영학과 교수/ PIB 색채연구소 소장

김옥기

나만의 시그니처 컬러를 찾고 싶은 분,
다양한 나를 표현하고 싶은 분께

예전에 저는 스타일리스트 일을 했었는데 새로운 음반이 나오거나 프로그램이 새로 편성될 때마다 연예인의 이미지를 새롭게 기획하고 변화시켰습니다. 같은 사람이 맞나 싶을 정도로 놀랍게 변화하는 연예인의 모습을 보면서 다양한 이미지를 완벽하게 소화해 내는 모습을 부러워하기도 했었습니다.

저도 친구들을 만날 때와 일을 할 때 또는 모임에 갈 때, 코디네이션으로 나의 이미지를 그때그때 변화시키고 있는데 요즘은 30대 후반에 들어서면서 사회적인 역할에 맞는 스타일을 내기 위해 더 많이 신경을 쓰고 있습니다. 저뿐 아니라 많은 분이 상황과 장소에 따라, 또 역할에 따라 메이크업과 패션을 다르게 하시는데 이는 이미지가 시각적으로 가장 빠르게 그 사람을 보여줄 수 있는 부분이기 때문입니다. 만약 그런 것에 신경 쓰지 않고 편한 대로만 자신을 표현한다면 사회적으로 잘 어울리지 못하는 사람으로 생각될 수 있겠죠.

정치인들과 연예인들만 받던 이미지 컨설팅에 대한 관심이 일반인에게까지 확산되면서 요즈음은 기업에서도 직원들이 역할과 지위에 맞는 이미지를 갖출 수 있도록 이미지 메이킹 교육을 활발히 진행하고 있습니다. 최근 들어서는 SNS의 발달로 이미지의 중요성이 더욱 부각되면서 '얼굴을 돋보이게 하는 컬러'를 찾는 퍼스널컬러 컨설팅이 인기를 끌고 있는데, 트렌드 책에까지 실리면서 대한민국 트렌드 이슈로 자리매김했습니다.

자신에게 어울리는 컬러가 긍정적인 효과를 불러온다는 것 때문에 사람들이 매우 적극적으로 찾아 경험하고 있으며, 여기에 맞춰 이미지, 컬러와 관련된 새로운 직업과 자격증이 많이 생겨나고 있는 추세입니다. 기업도 이에 발맞춰 적극적인 마케팅을 펼치고 있으며, 특히 뷰티, 패션 기업은 판매직원들이 컨설턴트의 역량을 갖출 수 있게 이미지, 컬러 관련 전문가 교육까지 실시하고 있습니다. 자신에게 어울리는 컬러는 얼굴의 장점을 부각시키고 단점을 보완해 주는 역할을 하고, 이미지는 자신의 개성을 표현해 주기도 하며, 상황에 어울리는 연출은 조화로운 분위기를 만들어 낼 수 있기 때문에 중요합니다.

● 좋은 외적 이미지를 만드는 방법

저는 강의할 때 이미지의 중요성을 강조하는데, 특히 자신의 이미지를 결정하는 패션은 단순히 입는 것으로 생각하면 안 된다고 말합니다. 패션이 메신저 역할을 한다고 생각하면 옷을 선택하는 기준부터 달라집니다. 나의 패션·뷰티 스타일이 상대방에게 각인되면 나에 대한 인식을 바꿀 수도 있고 나라는 사람을 원하는 이미지로 표현할 수도 있습니다. 결과적으로 이미지 전략을 통해 일의 생산성과 나의 가치를 올릴 수 있게 됩니다.

여기서 어떤 분들은 인터넷, 책, 방송 등을 통해 원하는 이미지를 적당히 따라 만들면 되지 않을까 하는 생각을 하실 수 있습니다. 그러는 경우 당장은 비슷한 느낌의 이미지는 낼 수 있겠지만 얼굴과 패션, 뷰티가 서로 어우러지는 느낌이 없으면 오히려 부정적인 이미지로 남게 될 수 있습니다. 내가 되고 싶은 이미지를 표현할 때도 나의 얼굴을 돋보이게 하는 것이 중요합니다.

저는 가장 좋은 외적 이미지를 만드는 방법으로 두 가지를 꼽습니다.

첫 번째 나의 얼굴과 잘 어울리는 컬러, 이미지를 찾는 것.
두 번째는 얼굴을 돋보이게 하는 컬러를 바탕으로 내가 원하는 이미지의 스타일을 접목하는 것.
실제 이미지 컨설팅은 개개인에게 어울리는 컬러와 이미지를 진단하고 이를 바탕으로 고객이 원하는 이미지로 변화할 수 있게 코칭하는 방식으로 진행됩니다.

어울리는 것을 배제하고 원하는 것만을 코칭해 주는 곳은 없다고 봐야 합니다. 개개인의 고유한 특성을 살리면서 원하는 것을 얻었을 때 최고의 효과를 얻을 수 있기 때문입니다.

● 지속적인 이미지 메이킹이 안 되는 이유

컨설팅을 받고 난 후 잘 적용을 하고 있는지 궁금해서 고객들에게 가끔 물어보는데, 많은 분이 컨설팅 당시에는 이해했는데 막상 적용하려니 잘 안 되거나 다시 원상태로 돌아왔다고 말씀하십니다. 또 다른 곳에서 컨설팅을 받은 적이 있는데 잘 기억이 안 나서 다시 컨설팅 받으러 왔다고 하시는 분도 많습니다. 이를 충분히 이해하는 것은 저 또한 같은 입장이었던 적이 있었기 때문입니다. 저는 전문적으로 컬러와 관련된 일을 하고 있어서 지금은 다양한 컬러를 적용시키고 있지만, 사실 오랫동안 제 옷장에는 블랙뿐이었습니다. 이유는 분장 일과 스타일리스트를 하다 보니 옷이 지저분해지는 일이 다반사이기도 했고 특히 공연 현장에서 일하는 복장이 블랙이기도 했습니다. 그리고 기업의 일을 했을 때도 검은 정장이 유니폼이었기 때문에, 20내에는 자연스럽게 블랙을 사게 되었고 어쩌다 다른 색을 사면 네이비, 화이트 정도였습니다.

그러다 퍼스널컬러를 배우기 위해 컬러 컨설팅을 받았는데 봄의 꽃

색처럼 컬러풀한 색이 제게 어울린다고 해서 충격을 받았습니다. 하지만 진단받을 때는 신기하고 잘 어울리는 느낌이라 일상에서 시도해보려고 했으나 어떻게 입어야 하는지 잘 모르겠고 어색한 느낌까지 들어서 다시 블랙으로 돌아오게 되었습니다. 색이 모두 비슷한 느낌인데 어떤 게 맞는지 확신이 없어서 옷을 못 골랐던 적도 있었습니다. 그래서 본격적으로 공부를 시작하게 된 것도 있고요.

● 이미지, 스스로 공부가 필요합니다.

물론 컨설팅을 받은 고객 중에서도 지속적으로 잘 활용하는 분들도 많으신데, 그런 분들은 저처럼 전문가 교육은 아니더라도 책이나 인터넷 등을 통해 조금씩이라도 컬러나 이미지를 공부하면서 어울리는 것을 계속 시도해 보는 분들입니다. 어떤 고객들은 컨설팅을 받았지만, 자신의 스타일을 더 이해하기 위해 전문과정을 공부하는 경우도 있고요. 지금 보는 이 책도 지속적인 변화를 원하는 일반인들이 컬러나 이미지를 공부할 수 있도록 돕고 싶다는 마음에서 출발했습니다.

사람들은 이미지 변화 후 예뻐졌다거나 잘 어울린다는 칭찬을 들으면 그때부터 더 자신의 외모에 관심을 가지면서 적극적으로 변화하려 합니다. 또한 자신을 빛나게 하는 패션을 알게 되면 자신감이 생기고 쇼핑이 더욱 즐거워질 것입니다. 저는 블랙 대신 컬러풀한 색들로 옷장을 채우면서 내면도 밝아지고 옷을 고르는 순간이 행복해졌습니다. 그리고 다양한 이미지를 자유자재로 연출하면서 센스 있다는 얘기도 듣고 제게 딱 어울리는 이미지도 찾게 되면서 패션을 통해 저 자신을 마주하는 느낌을 받았습니다. 너무 외적 이미지를 강조하는 것 같아 조심스럽긴 하나 저를 비롯한 여러 사람이 외적인 이미지 변화를 통해 내면도 변화되는 모습을 보았습니다. 그리고 현대에는 보이는 이미지, 특히 외모를 가꾸는 것이 더 이상 사치로 여겨지지 않기 때문에 보다 적극적으로 자신을 가꾸는 것에 관심을 가지는 것이 좋습니다.

이 책은 다음과 같은 욕구가 있는 사람들에게 적극적으로 추천합니다.

- 컬러를 적극적으로 활용하고 싶은 분들
- 컬러를 사용하는 것이 현재 소극적인 분들
- 원하는 이미지를 연출하고 싶은 분
- 가장 나다운 이미지를 연출하고 싶은 분들에게 참고 서적이 될 수 있습니다.

컬러로 예쁘고 세련되어지시길 진심으로 바랍니다.

차 례

• 감수 및 추천사 ·· 04

• 프롤로그 ··· 08

Part 1 | 예뻐지기 위한 기초 레슨

Chapter 1 | **이미지 변화를 원하는 당신이 꼭 알아야 할 것 5가지** ·········· 23

    01 5년을 주기로 이미지나 스타일을 체크해 보자

    02 변화를 두려워하지 마라

    03 긍정적인 자세를 취해라

    04 독특한 나를 인정하는 것

    05 재투자하는 용기를 내는 것

Chapter 2 | **12가지 색상과 패션 활용법** ························· 30

    01 마음을 흔드는 색채 이미지

    02 12가지 색을 입자

Chapter 3 | **코디네이션을 위한 기초 색 공부** ·················· 40

    01 색이란 우리에게 어떻게 보여지는 것일까?

    02 색상

        1) 색상환

        2) 색상의 온도

        3) 진출색/후퇴색

03 명도

    1) 명도의 심리적 영향

    2) 팽창감/수축감

04 채도

05 맑고 탁한 색

06 색조(Tone)

    1) 톤의 이미지

07 패션에 도움이 되는 배색

    1) 색상을 바꿔 이미지를 변화시키자

    2) 톤만 바꿔도 이미지는 변화된다

    3) 색상과 톤을 활용한 다양한 배색 기법

Part 2 | 퍼스널컬러 4타입을 배워보자

Chapter 1 | 웜 베이스 쿨 베이스는 무엇일까? ············· 69

    01 오렌지가 어울리지 않는 웜도 있다

    02 피부가 예뻐지는 웜과 쿨 베이스

Chapter 2 | 나를 빛나게 하는 4타입 컬러 ············· 76

    01 톤의 얼굴 효과

Chapter 3 | 어울리는 컬러를 찾는 방법 ································ 82

    01 전문가의 진단법

    02 쉽게 따라 하는 셀프진단

        1) 첫 번째 웜 · 쿨 진단

        2) 4타입 톤 진단

        3) 셀프 진단 결과

Part 3 | 매력적인 퍼스널컬러 코디네이션

Chapter 1 | 밝고 친근감 있는 색 봄 타입 ································ 121

    01 봄 타입 컬러 팔레트

    02 봄 타입 코디네이션

        1) 여성 코디네이션

        2) 남성 코디네이션

        3) 봄 타입 배색 코디

        4) 봄 타입 사람의 계절별 패션 코디

    03 뷰티 컬러 팔레트

Chapter 2 | 부드럽고 우아한 색 여름 타입 ································ 129

    01 여름 타입 컬러 팔레트

    02 여름 타입 코디네이션

        1) 여성 코디네이션

        2) 남성 코디네이션

        3) 여름 타입 배색 코디

        4) 여름 타입 사람의 계절별 패션 코디

    03 뷰티 컬러 팔레트

Chapter 3 | **고급스럽고 깊이 있는 색 가을 타입** ························ 137

  01 가을 타입 컬러 팔레트

  02 가을 타입 코디네이션

    1) 여성 코디네이션

    2) 남성 코디네이션

    3) 가을 타입 배색 코디

    4) 가을 타입 사람의 계절별 패션 코디

  03 뷰티 컬러 팔레트

Chapter 4 | **도시적이고 세련된 색 겨울 타입** ························ 145

  01 겨울 타입 겨울 팔레트

  02 겨울 타입 코디네이션

    1) 여성 코디네이션

    2) 남성 코디네이션

    3) 겨울 타입 백색 코디

    4) 겨울 타입 사람의 계절별 패션 코디

  03 뷰티 컬러 팔레트

Part 4 | 나에게 어울리는 이미지를 찾아보자

Chapter 1 | **입는 옷이 곧 그 사람이다** ························ 157

  01 22테이스트스케일 메소드(22tast scale method)

  02 퍼스널컬러와 9가지 이미지

Chapter 2 | **이미지 셀프 진단** ························ 166

  01 첫 번째 진단: 감성 체크

  02 두 번째 진단: 진단지 활용법

Part 5 | 사람의 마음을 사로잡는 9가지 이미지

Chapter 1 | 생기가 넘치는 브라이트^{Bright} 이미지 ·················· 191

01 브라이트 이미지 컬러 팔레트

02 브라이트 이미지 X 4계절 타입 패션

Chapter 2 | 여성스러운 페미닌^{Feminine} 이미지 ·················· 196

01 페미닌 이미지 컬러 팔레트

02 페미닌 이미지 X 4계절 타입 패션

Chapter 3 | 밝고 세련된 쿨 시크^{Cool chic} 이미지 ·················· 200

01 쿨 시크 이미지 컬러 팔레트

02 쿨 시크 이미지 X 4계절 타입 패션

Chapter 4 | 선명하고 활기찬 액티브^{Active} 이미지 ·················· 204

01 액티브 이미지 컬러 팔레트

02 액티브 이미지 X 4계절 타입 패션

Chapter 5 | 자연스럽고 안정된 내츄럴^{Natural} 이미지 ·················· 208

01 내츄럴 이미지 컬러 팔레트

02 내츄럴 이미지 X 4계절 타입 패션

Chapter 6 | 우아하고 품위 있는 엘레강스^{Elegance} 이미지 ·················· 212

01 엘레강스 이미지 컬러 팔레트

02 엘레강스 이미지 X 4계절 타입 패션

Chapter 7 | **대담하고 모험적인 볼드**[Bold] **이미지** ·· 216

    01 볼드 이미지 컬러 팔레트

    02 볼드 이미지 X 4계절 타입 패션

Chapter 8 | **도시적이고 당찬 매니시**[Mannish] **이미지** ······························ 220

    01 매니시 이미지 컬러 팔레트

    02 매니시 이미지 X 4계절 타입 패션

Chapter 9 | **신뢰감이 높고 성실한 클래시**[Classy] **이미지** ·················· 224

    01 클래시 이미지 컬러 팔레트

    02 클래시 이미지 X 4계절 타입 패션

Chapter 10 | **9가지 이미지 일러스트** ·· 228

    01 여성 이미지

    02 남성 이미지

• 글을 마치며 ······································· 235

• 부록 – 프로그램 소개 ······················ 239

• 참고문헌 ·· 244

Part 1

예뻐지기 위한
기초 레슨

Chapter

이미지 변화를 원하는 당신이
꼭 알아야 할 것 5가지

하버드대 정신건강의학과의 낸시 에트코프 교수는 아름다운 외모를 가진 사람들이 타인에게 좋은 평가를 받으면서 자신감과 자존감을 높이게 되어 대인 관계에서도 좋은 영향을 미친다고 얘기했습니다. 그렇다고 외모만 뛰어나면 관계가 좋아지고 행복해지느냐. 그건 당연히 아닙니다만 외모가 좋아지면 아무래도 사람을 대할 때 자신감 있고 긍정적인 모습을 보여주면서 사람들과 관계를 더 쉽게 맺고 타인에게 호감 가는 사람으로 보여질 수 있게 됩니다. 인간관계에서 외모가 전부는 아니지만 외모는 분명 좋은 효과를 불러일으킵니다. 아름다운 외모란 얼굴의 눈, 코, 입 같은 이목구비의 생김을 평가하는 것이 아니라 전체 조화로움에 있습니다. 균형적이고 조화로운 외모는 사람들에게 편안함과 안정감을 느끼게 하기 때문에 더 긍정적인 평가를 받을 수 있는 것입니다. 나의 얼굴을 더욱 빛나고 조화롭게 보이도록 도와주는 것이 바로 우리가 매일 걸치는 패션입니다. 패션을 통해 나의 이미지를 더 들어내 보일 수도 있고 전혀 다른 분위기를 만들어 갈 수도 있습니다. 그리고 패션에서 가장 중요한 색이 그 핵심적 역할을 하고 있기 때문에 이미지를 변화하고 싶은 사람, 외모를 호감 가게 만들고 싶은 사람은 색을 이해하는 것이 매우 중요합니다. 이 책은 패션의 색을 활용해 이미지를 변화할 수 있도록 하기 위해 이론과 실습이 함께 있습니다. 본격적으로 책을 시작하기 전 우리가 알아야 할 것을 5가지로 정리했습니다.

01 | 5년을 주기로 이미지나 스타일을 체크해 보자

어렸을 적 이미지를 그대로 갖고 있는 사람은 아마 없을 것입니다. 살면서 이미지는 계속 변화되기 때문에 새로운 이미지에 맞춰 스타일 또한 변화해야 합니다.

20대 사회초년생시절 예쁘게 입은 옷이 30대에도 예쁘게 보여질리가 없습니다. 얼굴이 점점 성숙되어서 옷의 이미지가 어울리지 않는 것도 있지만 현재 나의 사회적 역할에 어울리지 않기 때문에 더욱 그렇습니다. 5년 전, 10년 전 자신의 이미지만 떠올려 봐도 현재와 다르다는 걸 알게 될 것입니다. 현재 사회적 역할, 나이, 내면적 가치에 맞는 이미지가 표현되었을 때 품위와 안정감을 줄 뿐만 아니라 타인에게 좋은 평가를 받음으로써 호감을 살 수 있기 때문에 지금 나의 이미지를 체크해 보는 것이 중요합니다.

특히 당신 이미지에 맞지 않는 패션은 과감하게 버리세요. 분명 내년에도 후년에도 옷장에 자리만 차지하게 될 것입니다. 사람은 계속 성장하고 이미지나 스타일 또한 진화한다는 걸 잊으면 안 됩니다.

02 | 변화를 두려워하지 마라

이미지 컨설팅을 받으려고 오는 사람들은 스타일이나 이미지를 변화하고 싶어 찾아옵니다.

컨설팅 결과에 따라 도전해 보면 좋겠지만 많은 분들이 다시 제자리로 돌아가는 경우를 보았습니다. 그 이유가 새롭게 시도하는 것에 대한 두려움과 낯설음 때문이겠죠. 많이 시도해 본 사람이 자기 관찰력도 좋을뿐더러 본인을 잘 이해하고 자신만의 매력을 찾을 수 있는 건 당연한 것입니다. 나는 변화를 두려워하는 사람인가? 함께 체크해 보도록 합시다.

1) 3년 이상 같은 헤어스타일을 유지한다.
2) 미용실을 바꾸는 것이 여러 모로 두렵다.
3) 사계절 비슷한 색의 립스틱만 구매한다.

4) 옷장을 열었을 때 옷이 세 가지색 이상 없다.

5) 좋아하는 옷 브랜드 혹은 로드샵 두 군데 이하만 간다.

6) 맛있다고 소문난 집만 선택한다.

7) 사진이 거의 같은 표정, 같은 포즈이다.

이 중 4가지 이상이면 변화가 두렵다는 것을 인정해야 합니다. 3가지 이하로 선택되었다면 이 책을 통해 변화를 시도해 보면 즐거움을 느낄 것입니다. 변화가 두려운 사람들에게 한 가지 조언을 하고 싶습니다. 저는 원래 좋아하는 스타일만 고집하는 편이었고 또한 익숙한 음식, 영화도 평점 높은 것, SNS 맛집 등 새로운 것들은 불편하게 느껴졌던 것 같습니다. 처음 어울리는 컬러를 진단받았을 때 블랙만 입던 제가 너무 충격적인 결과를 들었다고 프롤로그에 잠깐 얘기했었는데 그때 제가 했던 작은 시도는 헤어 염색이었습니다. 어두운 블랙헤어에서 노란빛으로 바꾸니 얼굴이 부드럽고 젊어 보인다는 얘기를 주위 사람들에게 듣게 되면서 그때부터 나에게 어울리는 것을 찾고자 더 많은 시도를 하기 시작했습니다. 나부터 변화를 시도해 보면서 직업에 더 확신이 생겼던 것 같고요. 지금은 옷장에 블랙은 특별한 날을 위해 원피스, 정장이 전부입니다. 사람들의 평가가 나를 움직이게 만들 수 있으니 혼자 섣부른 판단 말고 사소한 변화부터 시도해 보세요. 그리고 주위 사람들의 의견을 들어보는 것이 좋습니다. 저처럼 염색을 시도해 보는 것도 좋고 새로운 악세사리 이미지를 얹어보는 것도 좋을 것입니다. 좋은 평가를 받은 것을 체크해 놓는 것도 도움이 됩니다. 긍정적인 피드백을 통해 자신감이 생길 것이고 당신의 대인관계와 일에 좋은 결과를 가져올 것이라 확신합니다. 늘 한결같은 스타일은 당신에게 안정감을 주지만 삶을 지루하게 만들 수도 있다는 걸 잊지 마세요.

03 | 긍정적인 자세를 취해라

왜 내가 변해야 하지? 지금 나는 아무 문제 없는데라고 생각하는 사람도 있겠지만 지금 이 책을 들고 있는 당신은 변화를 원하고 변화할 의지가 어느 정도 있다고 보입니다.

하지만 조금 더 긍정적인 자세를 취할 필요가 있습니다. 왜냐면 처음 시도해 본 모습이 낯설고 이상하게 느껴질 수도 있을 것 같기 때문입니다. 스스로 자신의 이미지를 평가하여 이상하다든지, 어색하다는 결론을 내기 전에 다른 사람들의 의견을 듣고 받아들이는 것이 중요합니다. 의외로 예상치 못한 스타일이 나의 매력을 극적으로 끌어낼 수도 있습니다.

여자 연예인들의 경우를 보면 수많은 이미지를 만들고 새로운 스타일에 도전합니다.

하지만 그녀의 매력을 끌어내주는 드라마 캐릭터와 만났을 때 스타일과 함께 이슈가 되면서 호감도가 급상승하는 경우를 종종 봅니다. 물론 한번에 긍정적인 평가를 받으면 더없이 좋겠지만 부정적인 평가에 상처받을 필요도 없습니다. 컨설팅받는 고객들에게 베스트 스타일을 알려주는 것보다 워스트를 알려주는 것이 더 효과적인 경우가 많은데 희한하게 어울리지 않는 것을 더 잘 기억하고 있더라고요. 어울리지 않는다는 것을 알게 되는 것도 중요한 공부이니 긍정적인 자세로 많이 시도해 보길 바랍니다. 포기하지 않으면 분명 달라져 있는 자신을 스스로 보게 될 것입니다.

04 | 독특한 나를 인정하는 것

우리는 모두 개성을 갖고 있습니다. 지구상에 나랑 똑같은 사람은 존재하지 않는 것만으로도 알 수 있죠. 누구나 독특한 존재라는 것입니다. 체형이 비슷한 10명에게 같은 옷에 화장까지 똑같이 한다고 같은 사람으로 보여질 수 있을까요? 인스타나 유튜브에 올라오는 예쁜 이미지들을 똑같이 따라해 본 적 있는 사람들은 비슷하게 연출은 할 순 있지만 같은 이미지를 낼 수는 없는 걸 잘 알고 있을 거예요. 나에게 더 집중해서 개성을 찾는 것이 더 바람직하다고 봅니다.

치열한 경쟁사회에서 나만이 가지고 있는 고유의 이미지를 스타일로 잘 표현해 낸다면 경쟁력이 될 수 있기 때문입니다. 사람을 볼 때 눈, 코, 입이 얼마나 잘났는지 따져보는 사람은 없습니다. 얼굴에서 나타내는 분위기, 즉 이미지에 매력을 느낀다는 걸 알고 있어야 해요. 이 책을 통해 자신의 고유한 이미지와 잘 어울리는 스타일을 찾아보길 바랍니다.

05 │ 재투자하는 용기를 내는 것

이 책을 통해 어울리는 것을 알게 되었을 때 미뤘던 헤어를 할 수도 있고 메이크업 제품을 바꿀 수도 있으며 옷이나 악세사리를 더 살 수도 있습니다. 있는 것을 활용하면 더없이 좋지만 활용을 못하는 경우도 많기 때문입니다. 유행에 치우치는 물건은 지출을 낭비했다는 생각이 들 수도 있는데 저도 안 입는 옷, 사용 안 하는 화장품이 한구석에 잔뜩 쌓여 있었습니다. 충동구매를 했다는 생각에 괴롭기까지 했어요. 그리고 쇼핑할 때마다 너무 많은 시간을 소비해야 하는 것에 더 큰 스트레스를 받았습니다.

어울리는 것을 찾았을 때 가장 좋았던 점이 바로 이 부분이었어요. 필요한 것들을 정확히 인지하고 쇼핑하면 시간도 절약되고 불필요한 지출도 줄어들 수 있습니다.

나에게 어울리는 이미지를 찾기 위해 투자하는 것은 나의 가치를 높이는 투자라는 것을 기억해야 합니다.

12가지 색상과 패션 활용법

01 | 마음을 흔드는 색채 이미지

현대에는 이미지가 중요해지면서 색도 함께 중요해졌습니다.

우리가 외부로부터 인지하는 83% 정도의 정보는 시각을 통해 이루어지는데, 그중에서 형태나 문자 정보보다 색채를 통해 80% 이상의 시각정보를 받아들이고 있다고 합니다. 미국의 심리학자 루이스 체스킨(Louis Cheskin)도 인간이 형태에 대한 판단이 이성적이라면 색채에 대한 판단은 정서적이라고 했습니다.

그러다 보니 빠른 시간 안에 사람의 감성을 자극해야 하는 광고와 제품 등에서 색채를 전략 도구로 중요하게 사용하는 것을 흔히 볼 수 있습니다. 각각의 컬러는 그 자체의 고유한 파장과 진동수를 가지고 있는데, 우리 인체에 파도처럼 신호를 보내어 어떤 컬러에서는 편안함을 느끼기도 하고 어떤 컬러에서는 따뜻함을 더 느끼게도 해서, 무언가 결정할 때 심리적인 면에서 중요한 요인으로 작용합니다.

그래서 브랜드뿐 아니라 사람도 색을 전략 도구로 사용하는 것을 많이 볼 수 있는데, 우리나라뿐 아니라 세계적으로 정치인, 유명인사들은 색을 사용하여 효과적으로 메시지를 전달하고 사람의 마음을 얻으려고 노력합니다.

색이 사람과 깊은 관계가 있다는 연구들이 많아지면서 최근에는 컬러의 에너지를 활용하여 마음의 균형과 조화를 찾고 신체의 치유까지 돕는 컬러테라피도 주목받고 있습니다.

고감성시대에 컬러의 역할은 더 늘어나고 세분화될 것으로 생각됩니다.

당신에게 색은 무엇인가요? 아마 한 번도 생각해 본 적이 없는 부분일 것 같습니다. 늘 우리 곁에 당연히 있는 공기처럼 느껴질 수 있습니다.

아침에 눈을 뜨는 순간부터 옷, 지하철, 길거리, 음식, 자연, sns에서 하루에 수만 가지 색을 봅니다. 그리고 눈을 감고 있는 순간에도 색채 이미지가 떠오릅니다. 그중에서는 우리가 선택하는 색도 굉장히 많습니다. 색이 사람과 깊은 관계가 있는 건 명백한 사실이기 때문에, 색을 우리의 일과 삶에 도움이 될 수 있도록 잘 알고 더 적극적으로 활용하면 좋을 것 같습니다.

색을 잘 모르는 사람들도 색채 심리를 본능적으로 이해하고 있습니다. 예를 들어 빨강을 보고 시원한 여름을 상상하거나 정서적으로 차분해진다는 사람은 별로 없을 겁니다. 또한 그린색 옷을 입은 사람보다 빨간색 옷을 입은 사람을 더 진취적이고 열정적으로 볼 가능성이 큽니다. 이러한 것들은 누구나 느끼는 부분입니다.

다른 색상에서도 영향력에 대한 깊은 내용을 모를 뿐이지 누구나 비슷한 감성적 이미지를 연상할 수 있습니다.

많은 연구에 나와 있는 색의 상징적 의미 중 공통적으로 보이는 긍정의미와 컬러심리연구기관에서 이야기하는 색의 의미를 정리해 보았습니다.

빨강		자극적, 긴장감, 흥분, 활력, 생명력, 열정, 사랑
주황		따뜻함, 유쾌, 재미, 즐거움, 사교적
노랑		희망, 따뜻함, 긍정, 친절, 행복
그린		안정, 평화, 안식, 자연, 균형
파랑		시원한, 성실, 차분한
보라		창조, 신비, 우아, 예술적
핑크		부드러운, 낭만, 애정, 화사한
흰색		순수, 청결, 소박, 정직
검은색		위엄, 권위, 비밀

02 | 12가지 색을 입자

최근 끌리는 색을 선택해 보세요. 지금 당장 어떤 색을 입고 싶으신 가요?

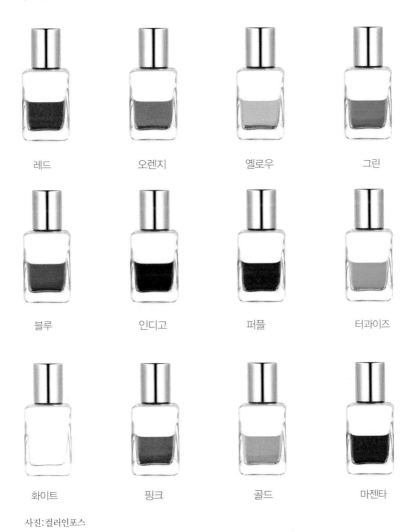

레드	오렌지	옐로우	그린
블루	인디고	퍼플	터콰이즈
화이트	핑크	골드	마젠타

사진:컬러인포스

● 레드를 선택한 당신

마음 키워드 : 활기찬, 에너지가 넘치는, 열정적, 용기 있는

레드의 에너지가 필요할 때 : 강인한 인상을 남기고 싶을 때, 일에 대한
욕구가 떨어졌을 때, 활력을 되찾고 싶을 때

레드 패션 컬러

레드 옷을 입거나 포인트로 사용하고 싶다면 일에 대한 열정과
에너지가 넘쳐흐른다는 뜻입니다. 사교적인 모임에서 매력을
뽐내고 싶고 시선을 끌어당기고 싶은 욕구가 있을 때도 레드 컬
러를 활용하면 좋습니다. 레드는 타인의 눈에 적극적이고 열정
적이며 강인한 이미지로 보일 가능성이 큽니다.

● 핑크를 선택한 당신

마음 키워드 : 배려, 사랑, 순수, 부드러움

핑크 에너지가 필요할 때 : 화사하고 생기 있게 보여지고 싶을 때, 따뜻
한 온기가 필요할 때

핑크 패션 컬러

핑크 옷이나 소품은 사랑을 실천하는데 도움을 줍니다. 여성은
더 여성스럽게 남성은 부드럽고 섬세한 분위기를 만들어 줄 수
있고 생기 있고 화사한 얼굴로 보여질 수 있습니다. 타인에게도
따뜻하며 부드럽게 보여질 가능성이 높습니다.

● 마젠타 선택한 당신

마음 키워드 : 성숙한 포용, 배려, 매력적

배려와 배품이 필요할 때, 매력적이고 특별한 사람으로 보여지고 싶을 때

마젠타 패션 컬러

힘이 소진됐을 때 에너지를 줄 수 있고 훌륭한 리더의 모습을 갖출 수 있습니다. 타인에게 성숙하고 매력적인 사람으로 보여 질 가능성이 높습니다.

● 오렌지를 선택한 당신

마음 키워드 : 따뜻한, 즐거움, 사교성, 도전적인

오렌지 에너지가 필요할 때 : 자신에게 기운을 북돋아주고 싶을 때, 많은 사람들을 만나고 싶을 때, 행복하고 즐거워지고 싶을 때

오렌지 패션 컬러

오렌지색 옷을 입거나 포인트로 사용하면 건강하고 밝은 에너 지를 얻을 수 있고 타인에게 즐겁고 사교적으로 보여지게 될 가 능성이 큽니다.

● 옐로우를 선택한 당신

마음의 상태 : 밝고 긍정적인, 희망, 자기실현, 비전, 관심

옐로우의 에너지가 필요할 때 : 타인에게 자신을 보여주고 싶을 때, 우울함에 빠져나오고 싶을 때, 집중력을 높일 때, 상대에게 희망적 메시지를 전하고 싶을 때

옐로우 패션 컬러

옐로우색 옷을 입거나 포인트로 사용하면 자신의 가능성과 의지를 높일 수 있어 희망찬 에너지를 받을 수 있습니다. 긍정적이고 낙천적인 이미지로 보여질 가능성이 크며 타인에게도 같은 에너지를 전달할 수 있습니다.

● 골드를 선택한 당신

마음 키워드 : 지혜로운, 깨달음, 명상, 지성
골드의 에너지가 필요할 때 : 지혜로움이 필요할 때, 화사하면서 고귀한 이미지를 표현할 때, 타인에게 존경받고 싶을 때

골드 패션 컬러

골드 옷이나 소품은 깊은 내면을 들여다보는 힘을 길러주고 자신의 가치를 높일 수 있습니다. 타인에게 고급스럽고 어른스럽게 보여질 가능성이 높습니다.

그린을 선택한 당신

마음 키워드 : 평화로움, 안정, 편안함, 휴식, 조화, 배려

그린의 에너지가 필요할 때 : 마음에 여유가 필요할 때, 평화롭고 싶을 때, 안정감을 느끼고 싶을 때, 균형이 필요할 때

그린 패션 컬러

그린 색 옷을 입거나 포인트로 사용하면 자연스럽고 조화로운 분위기를 낼 수 있습니다. 평화와 안정을 줄 수 있어 보는 사람들의 마음을 편안하게 만들어 줄 가능성이 큽니다.

블루를 선택한 당신

마음의 상태 : 조용하고 차분함, 성실, 정직, 신뢰, 책임, 소통

블루의 에너지가 필요할 때 : 신뢰 있고 진실한 사람으로 보여지고 싶을 때, 차분해지고 싶을 때

블루 패션 컬러

파란색 옷이나 소품은 조용하고 성실한 사람의 분위기를 낼 수 있으며 평소보다 차분한 마음을 갖게 합니다. 신뢰의 상징인 파랑은 타인에게 믿음직스럽고 이성적인 사람으로 보여질 가능성이 높습니다.

● 터콰이즈(turquoise)를 선택한 당신

마음 키워드 : 창조적, 섬세한, 휴식, 진실한, 개성

터콰이즈의 에너지가 필요할 때 : 창조적 커뮤니케이션이나 비즈니스가 필요할 때, 쉬고 싶을 때, 섬세함을 필요로 할 때, 자신의 공간이 필요할 때

터콰이즈 패션 컬러

터콰이즈 옷이나 소품은 휴식 같은 편안함을 줄 수도 있고 독창적이고 섬세한 표현을 하는데 도움이 될 수 있습니다. 타인에게 신선하고 젊은 분위기를 연출하고 깨끗한 이미지를 줄 수 있는 가능성이 높습니다

● 인디고를 선택한 당신

마음 키워드 : 통찰력, 판단력, 논리적, 명확성, 완벽한

인디고 에너지가 필요할 때 : 논리적 사고가 필요할 때, 권위와 힘을 갖고 싶을 때, 몰입이 필요할 때

인디고 패션 컬러

인디고색 옷이나 소품을 활용하면 생각이 명료해지고 사리판단에 도움을 줄 수 있으며 스마트하고 명석한 사람의 분위기를 만들 수 있습니다. 타인에게도 지적이고 권위 있는 사람으로 보여질 가능성이 높습니다.

바이올렛을 선택한 당신

마음 키워드 : 감수성이 풍부한, 직관력, 섬세한, 자유로운, 예술성

바이올렛의 에너지가 필요할 때 : 영감을 받고 싶을 때, 품위 있고 우아한 이미지를 표현할 때, 고급스러움을 강조할 때, 예술적 느낌을 표현할 때

바이올렛 패션 칼라

바이올렛 옷이나 소품은 직관력을 높여 보다 창의적인 생각을 할 수 있게 합니다. 우아한 분위기를 낼 수 있는 바이올렛은 타인에게 신비롭고 고급스럽게 보여질 가능성이 높습니다.

화이트를 선택한 당신

마음의 키워드 : 순수, 시작, 순결, 단순, 결백

화이트가 필요할 때 : 완벽하고자 할 때, 삶을 긍정적으로 바라보고 싶을 때, 깨끗한 이미지를 줄 때, 가벼움을 느끼고 싶을 때

화이트 패션 칼라

화이트 패션을 활용하면 새로운 도전에 용기를 얻을 수 있고 타인에게 깨끗하고 부드러워 보입니다.

코디네이션을 위한
기초 색 공부

01 | 색이란 우리에게 어떻게 보여지는 것일까?

고객들이 많은 돈을 들여 컨설팅을 받고 있는데 색에 대한 기본 이해가 부족하다 보니 적용을 잘 못 시키시는 경우가 많습니다. 색의 특성과 색이 주는 영향을 이해하면 퍼스널컬러를 더 잘 이해하고 적용하실 수 있게 될 것입니다. 먼저 색이 보이는 원리를 이해해 봅시다.

육안으로 보이는 빨간색은 어떻게 빨간색으로 보이게 되는 것일까요?

딸기는 빨간색 때문에 더욱 맛있어 보이는데 불을 끄면 그 색깔이 더 이상 빨갛게 보이지 않습니다. 이는 딸기라는 물체는 본래 색이 없기 때문입니다.

다시 불을 켜서 빛을 쪼여 주면 빨간색 딸기를 볼 수 있는데 여기서 알 수 있는 것은 색을 보려면 '빛'이 필요하고, 딸기 같은 '물체'도 있어야 하며, 우리의 '눈'도 필요하다는 것입니다. 즉 색을 보기 위해서는 이 세 가지 조건을 갖춰야 합니다.

색을 보는 3요소

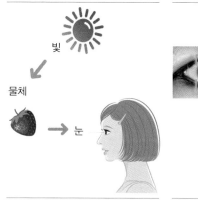

눈의 구조

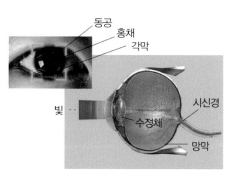

더 자세히 설명하면 딸기의 색은 딸기라는 물체에 빛이 부딪쳐 흡수하고 반사되는데, 반사된 빛이 그대로 우리 눈에 들어와 망막을 자극하면서 그 결과로 빨갛게 보이는 것입니다. 하지만 투명한 유리잔 같은 건 물체가 투과시키는 빛을 우리가 볼 수 있습니다.

망막에는 2종류의 시세포가 존재하는데 하나는 명암을 볼 수 있게 하는 간상체이고, 다른 하나는 색을 구분하는 추상체입니다. 망막에서 색을 감지하면 바로 대뇌로 정보가 전달되어 우리가 색을 판단하게 되는데, 이때 기억과 연상에 의해 색을 판단하기 때문에 심리적인 상태가 색을 보는 데 큰 영향을 미치게 됩니다. 그래서 같은 색도 사람마다 다르게 느낄 수 있습니다. 더 정확히 이야기하면 색은 눈으로 본다고 생각하겠지만 정확하게는 눈과 뇌로 색을 인지하게 됩니다. 우리가 사람의 신체 색을 보는 것도 사람이라는 물체에 대한 빛의 작용을 인지하는 것입니다.

02 | 색상

많은 색을 쉽고 정확하게 구분하기 위해서는 일정한 규칙이 필요합니다.

색상(Hue)은 물체에 반사되는 빛의 파장 종류에 따라 구분되며 크

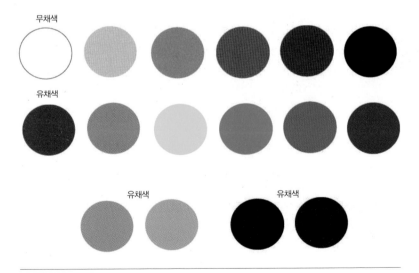

*무채색은 색조가 없는 흰색, 회색, 검정만 해당된다.

게 유채색과 무채색으로 구분되어지는데 흰색, 회색, 검정을 무채색이라 하며 나머지는 모두 유채색이라고 불립니다.

유채색은 무채색과 다르게 색상을 가지고 있고 선명한 정도를 구분할 수 있습니다.

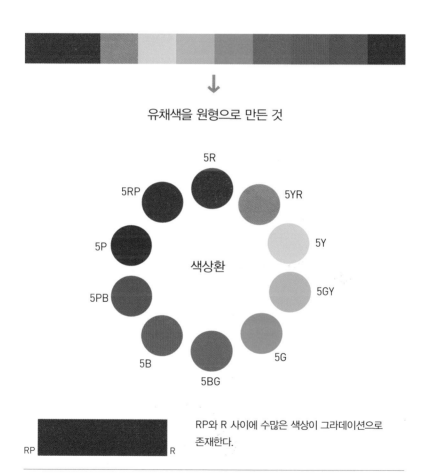

유채색을 원형으로 만든 것

색상환

RP와 R 사이에 수많은 색상이 그라데이션으로 존재한다.

*먼셀표색계를 기반으로 한 색상환

1) 색상환

색상환은 색의 변화를 둥근 모양으로 배열한 것인데 단계적으로 변화하는 색상의 흐름을 쉽게 이해할 수 있습니다. 색상의 관계를 한눈

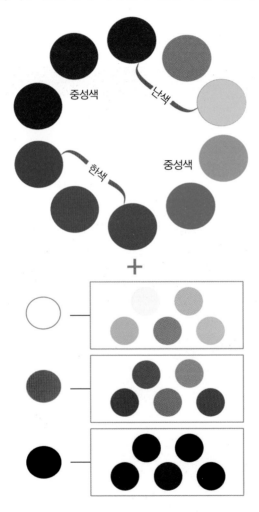

순색 + 무채색을 섞어 다양한 색을 만들 수 있다.

에 볼 수 있어 배색할 때 많은 도움이 됩니다.

색상환의 색처럼 선명한 색은 삼원색인 마젠타(밝은자주), 옐로우(노랑), 시안(밝은파랑)을 혼합해서 만들 수 있습니다. (예를 들어 마젠타에 옐로우를 조금씩 혼합하면 레드계열과 오렌지계열을 만들 수 있고 옐로우와 시안을 혼합해 그린색상을 만들 수 있습니다.)

위의 색상환에 보여지는 10색상이 전부가 아니고 사이사이마다 수많은 순색이 그라데이션으로 존재하고 있으며 순색이 아닌 옅은, 어두운, 탁한 색들은 순색에 무채색을 섞어 만들 수 있습니다.

2) 색상의 온도

색상의 온도는 사람에게 심리적으로 영향을 미칩니다.

빨강이나 주황색, 노랑색은 따뜻하게 느껴지는 난색이고 파란색은 차갑게 느껴지는 한색, 그 사이에 있는 보라색이나 초록색은 중성색으로 구분되어 심리적으로 큰 영향을 미칩니다.

다음 사진 중 어느 공간이 따뜻해 보이는지 생각해 봅시다.

우리의 패션과 뷰티도 따뜻함이 필요한 겨울에는 난색계열, 여름에는 한색계열 색들이 많이 활용되어지고 있습니다.

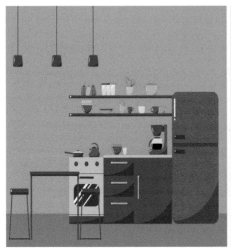

따뜻한 색   차가운 색

3) 진출색/후퇴색

거리가 같아도 색에 따라 가까이 보이거나 멀리 보이기도 합니다. 실제보다 가까이, 커 보이게 느껴지는 색을 진출색, 멀리, 작아 보이게 느껴지는 색을 후퇴색이라고 하는데 빨강, 노랑 등 따뜻한 색들이 진출색, 파랑 청록 등 차가운 색이 후퇴 색상에 해당이 됩니다. 색상 외에도 밝은 색이 어두운 색보다 더 진출색이며 채도가 높을수록 진출색이 됩니다. 진출색은 명시성이 좋아 주목을 끌 수 있으므로 사회 곳곳에서 많이 사용되고 있습니다. 사람들도 주목을 끌어야 할 때 진출색의 패션과 소품을 활용하고 있습니다.

진출색

후퇴색

진출색은 앞으로 나와 보이고 특히 노랑은 명시성이 좋아 안전한 자동차 색이다.

파랑색 자동차는 실제 거리보다 멀게 느껴지는 후퇴색으로 안전에 더욱 유의할 필요가 있다.

03 | 명도

색은 빛의 반사율에 따라 밝고 어둡게 보여지는데, 색의 밝고 어두움을 나타내는 척도를 명도라고 합니다. 밝으면 고명도, 어두우면 저명도, 중간을 중명도라고 합니다. 무채색과 유채색 모두 명도를 갖고 있습니다. 무채색의 명도는 비교적 쉽게 구분되는 반면 유채색의 명도는 다른 요소들을 같이 갖고 있기 때문에 눈으로 명도만을 구분하는 것이 어려울 수 있습니다. 뒤에 나오는 톤을 배우면 유채색 명도도 구분이 쉬워질 것입니다.

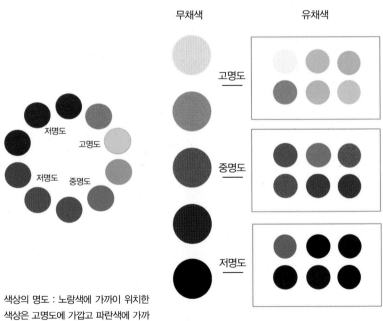

색상의 명도 : 노랑색에 가까이 위치한 색상은 고명도에 가깝고 파란색에 가까운 색상은 저명도에 가깝다. 노랑이 가장 가볍게 느껴지는 것은 가장 밝은 색상이기 때문이다.

1) 명도의 심리적 영향

색의 무게를 느껴본 적 있으신가요?

밝은 흰색 가방과 짙은 색의 가방 중 어떤 것이 더 가볍게 느껴지는지 상상해 보세요. 밝은 색에서 가벼움이 느껴지고 어두운 색에서 무거움이 느껴집니다.

사람은 명도에 따라 무게감을 다르게 느낄 수 있습니다.

2) 팽창감/수축감

밝은 것에서 팽창의 효과가 있고 어두운 것에서 수축의 효과가 일어납니다.

날씬해 보이기를 원할 때 블랙옷을 선택하는 사람들이 많습니다. 유채색에서도 명도가 낮은 파랑, 보라색이 더 날씬해 보입니다.

무채색에서 팽창과 수축효과

유채색에서 팽창과 수축효과

04 | 채도

채도는 색의 짙고 옅음을 말하며 색상의 포함 정도에 따라 색의 선명도가 달라집니다. 또한 무채색을 섞은 비율에 따라 채도가 달라질 수 있습니다.

색상환의 순색처럼 선명한 색은 채도가 높고 베이지처럼 옅은 색은 채도가 낮습니다.

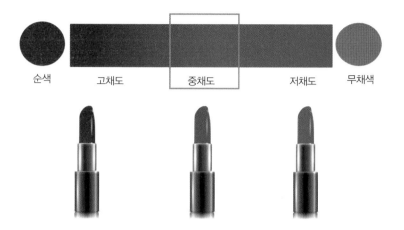

순색　　고채도　　중채도　　저채도　　무채색

채도도 사람의 심리에 많은 영향 미칠 수 있습니다.

채도가 높을수록 화려함을 느끼고 역동감을 느낄 수 있습니다. 반면 채도가 낮을수록 수수함을 느끼며 차분한 이미지를 만들 수 있습니다.

고채도　　　　　저채도

05 | 맑고 탁한 색

유채색을 크게 순색, 청색, 탁색으로 분류할 수 있습니다.

순색은 색상환의 색들처럼 채도가 가장 높은 색을 말합니다.

청(淸)색은 맑은 색을 말하며 맑은 날의 하늘색, 봄에 피는 밝은 꽃
색처럼 밝은 색을 명(明)청색이라고 하고 밤하늘의 짙은 색이나 깊이
있는 와인색처럼 어두운 색을 암(暗)청색이라고 합니다.

그렇다면 탁(濁)색은 어떤 느낌인지 상상해 보세요. 흐린 날 하늘색
이나 안개 낀 숲, 가을에 차분한 베이지 같은 색이 탁색입니다.

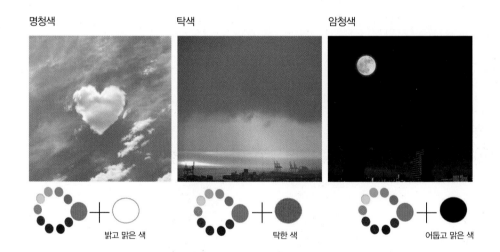

명청색　　　　　　　　　탁색　　　　　　　　　암청색

밝고 맑은 색　　　　　　　　탁한 색　　　　　　　어둡고 맑은 색

색의 3속성(색상, 명도, 채도) 외에 색의 또 다른 속성으로 특히 퍼스
널컬러에서 매우 중요합니다. 빛의 반사율에 따라 맑은 색을 가진 물
체 표면이 탁한 색보다 더 또렷하게 보여질 수 있어 옷색에 따라 얼굴

표면도 달라져 보일 수 있습니다.

06 | 색조(Tone)

색조(Tone)는 색의 분위기를 애기하는데 정확한 의미는 명도와 채도를 통합한 개념을 말합니다. 다음 사진을 보면 서로 다른 색상들 몇 개가 함께 둥글게 모여 있는 것을 볼 수 있습니다. 이들은 색의 속성 중 명도와 채도 그리고 청, 탁이 비슷한 색끼리 묶어 그룹 지어놓은 것입니다. 각 그룹을 sf 같은 약자로 기호를 표기하고 소프트톤, 비비드톤 등으로 부릅니다. 수많은 색 중에서 대표적인 색을 얹어 만들어진 톤 표는 색의 분위기, 이미지를 공부할 때, 원하는 이미지를 만들 때 유용하게 사용할 수 있습니다.

1) 톤의 이미지

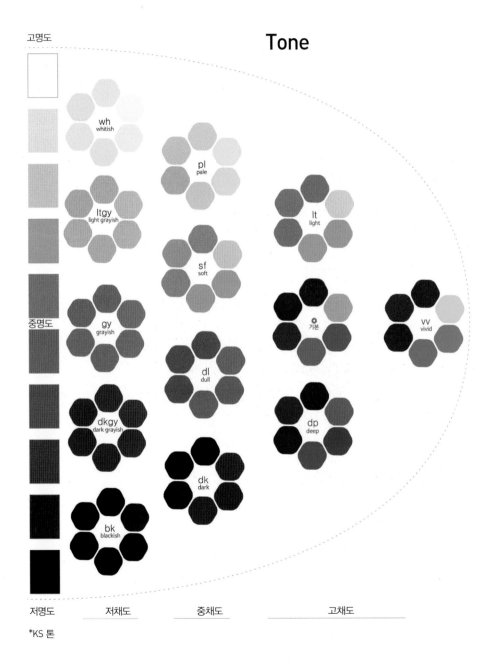

고명도

Tone

중명도

저명도

저채도　　중채도　　고채도

wh
whitish

pl
pale

ltgy
light grayish

sf
soft

lt
light

gy
grayish

dl
dull

기본

vv
vivid

dkgy
dark grayish

dp
deep

dk
dark

bk
blackish

*KS 톤

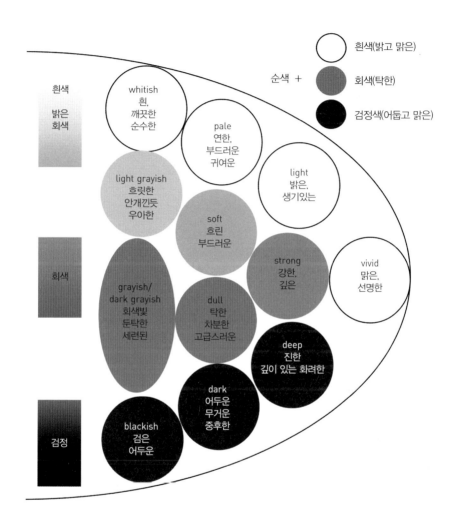

순색 +

흰색(밝고 맑은)

회색(탁한)

검정색(어둡고 맑은)

흰색
밝은
회색

whitish
흰,
깨끗한
순수한

pale
연한,
부드러운
귀여운

light grayish
흐릿한
안개긴듯
우아한

light
밝은,
생기있는

soft
흐린
부드러운

회색

strong
강한,
깊은

vivid
맑은,
선명한

grayish/
dark grayish
회색빛
둔탁한
세련된

dull
탁한
차분한
고급스러운

deep
진한
깊이 있는 화려한

dark
어두운
무거운
중후한

검정

blackish
검은
어두운

07 | 패션에 도움이 되는 배색

우리는 한 가지 색으로 코디네이션하는 일은 잘 없습니다. 작게는 두 가지 색, 많게는 세네 가지 이상 사용하기 때문에 색끼리의 조화가 매우 중요합니다. 두 가지 색 이상이 만나 새로운 효과를 나타내는 것을 배색이라고 합니다. 배색에 따라 센스 있는 코디네이션을 완성할 수도 있고 단색보다 못한 이미지를 만들 수도 있습니다.

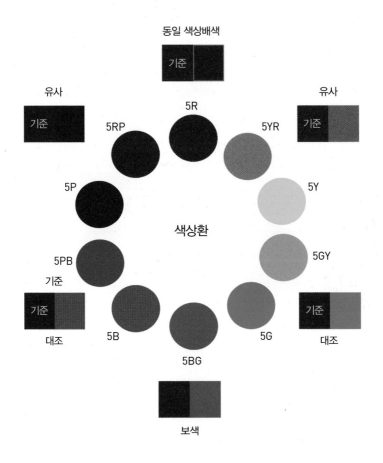

배색을 쉽게 하려면 첫 번째는 원하는 이미지나 목표 이미지를 설정하고 이미지에 적합한 톤을 선택하거나 색상을 선택합니다. 그다음에 어울리는 색을 배색하면 원하는 이미지를 쉽게 표현할 수 있습니다.

배색의 다양한 기법을 배우면 색 표현이 넓어지고 정확하게 이미지를 전달하는데 도움이 됩니다. 색상을 중심으로 한 배색방법과 톤을 중심으로 한 배색방법을 익혀봅시다.

1) 색상을 바꿔 이미지를 변화시키자

가장 기본적인 두 색상을 배색할 때 색상환에서 같은 색끼리 배색을 동일색상 배색이라고 하고 양옆에 있는 색은 유사색상, 멀리 떨어진 색은 대조, 보색 색상배색이라고 합니다. 옆에 색상환에서 5R을 기준색으로 정했을 때 같은 5R은 동일색상, 양옆의 5YR, 5RP는 유사색상, 5PB, 5GY, 5B, 5G는 대조색상, 반대편의 5BG는 보색입니다. 기준색과 떨어져 있는 색일수록 역동적인 이미지를 만들 수 있습니다.

동일색상 배색시: 난색보다 한색끼리 톤의 차이를 크게 두면 차분하고 세련되게 연출할 수 있습니다.

유사색상 배색시: 서로 비슷한 색끼리 조화를 통해 부드럽고 자연스러운 이미지를 줄 수 있습니다.

대조색상 배색시: 강한 톤안에서 배색하면 화려하고 활기찬 이미지

를 줄 수 있고 톤의 차이를 크게 두면 개성 있고 세련된 이미지를
줄 수 있습니다.

동일 색상 배색 유사 색상 배색 대조 색상 배색

기본색

2) 톤만 바꿔도 이미지는 변화된다

아래 그림 왼쪽과 같이 톤이 같은 경우 명도와 채도가 비슷하기 때문에 정리되어 보이고 색의 변화가 적어 보일 것입니다. 오른쪽과 같이 톤의 차이를 크게 두면 채도(색의 선명함)가 높지 않아도 변화가 커질 수 있습니다.

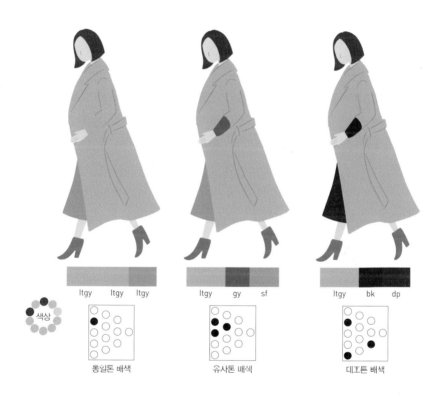

톤의 관계 정리

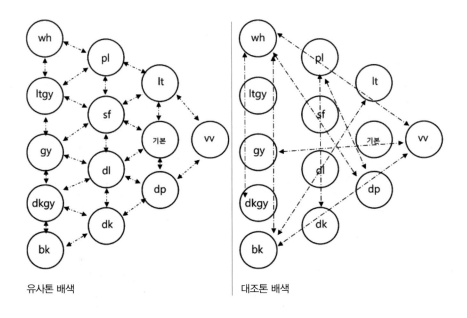

유사톤 배색   대조톤 배색

03) 색상과 톤을 활용한 다양한 배색 기법

(1) 그라데이션 배색

색상이나 색조(톤)을 단계적으로 일정하게 변화시키는 배색 기법입니다. 색상, 명도, 채도의 변화가 규칙적으로 이루어져야 합니다. 색상그라데이션은 색상환을 기준으로 색을 선택하면 쉽습니다.

〈색상 그라데이션〉   〈색조(톤) 그라데이션〉

(2) 카메이외 배색 /포카메이외 배색

색상과 색조(톤)에 약간의 변화를 준 배색이 카메이외 배색이고 카메이외 배색보다 톤이나 색상의 차이를 조금 더 준 배색을 포카메이외 배색이라고 합니다. 두 가지 배색 모두 큰 변화가 없습니다.

〈카메이 외 배색〉　　　　　　　　〈포카메이 외 배색〉

(3) 톤인톤/톤온톤 배색

색상은 다르지만 톤을 동일하게 배색한 것이 톤인톤이며 같거나 비슷한 색을 사용하여 명도차를 크게 준 것을 톤온톤 배색이라고 합니다.

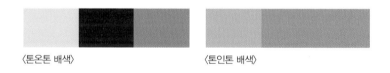

〈톤온톤 배색〉　　　　　　　　〈톤인톤 배색〉

(4) 세퍼레이션 배색

배색한 색이 애매한 느낌이 들 때 배색의 경계에 무채색, 무채색에 가까운 색, 금속색을 삽입하여 배색을 돋보이게 합니다.

〈가장 작은 면적에 활용합니다〉

(5) 악센트 배색

배색에 강조색을 넣어 전체 배색이 돋보이게 하고 개성을 주는 것을 악센트 배색이라고 합니다. 이때 강조색은 가장 작은 면적에 들어가며 채도가 높은 색을 활용합니다.

〈작은 면적에 고채도색 활용〉

다음 이미지맵에서 원하는 이미지를 선택하고 각 이미지에 맞는 색과 배색방법을 익혀봅시다. 이미지를 만들 때 큰 도움이 됩니다. 몇 번 이미지가 마음에 드시나요?

배색은 "꼭 이렇게 해야 한다"라고 정해진 건 없습니다. 하지만 배색시 공통된 감성을 느낄 수 있으려면 어느 정도의 규칙은 필요합니다.

색의 관계를 잘 이해하면 이미지를 크게 벗어나지 않고 자유롭게 색을 선택할 수 있습니다.

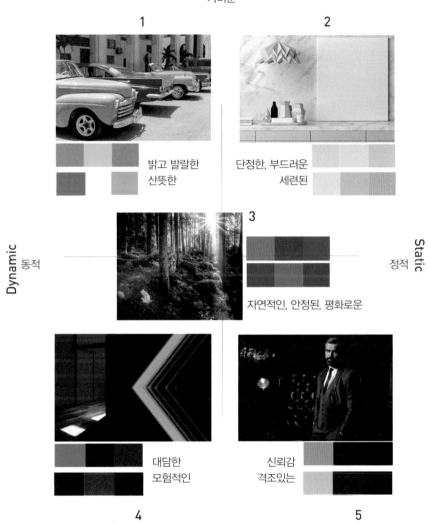

Feminine
가벼운

1

밝고 발랄한
산뜻한

2

단정한, 부드러운
세련된

Dynamic
동적

Static
정적

3

자연적인, 안정된, 평화로운

대담한
모험적인

4

신뢰감
격조있는

5

무거운
Mascline

1. 밝고 발랄하고, 산뜻한

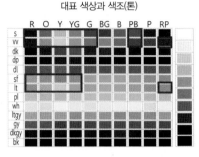

대표 색상과 색조(톤)

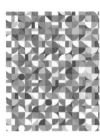

패턴 배색

코디네이션 배색

대조색상 / 악센트 / 톤온톤 배색

2. 단정한, 부드러운, 세련된

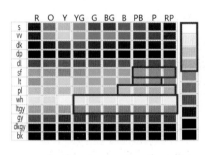

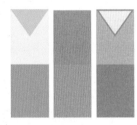

유사색상 / 톤인톤 / 그라데이션 배색

3. 자연적인, 안정된, 평화로운

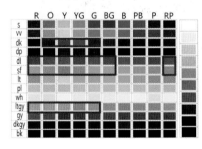

유사색상 / 톤인톤 / 세퍼레이션 배색

4. 대담한, 모험적인

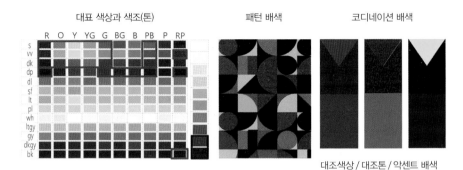

대표 색상과 색조(톤) 패턴 배색 코디네이션 배색

대조색상 / 대조톤 / 악센트 배색

5. 신뢰있는, 격조높은

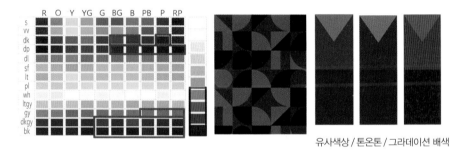

유사색상 / 톤온톤 / 그라데이션 배색

Part 2

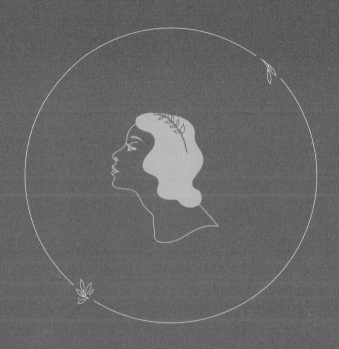

퍼스널컬러 4타입을
배워보자

웜 베이스 쿨 베이스는 무엇일까?

    퍼스널컬러는 1980년대에 미국의 이미지컨설턴트였던 케롤 잭슨(Carole Jackson)의 저서(color me beautiful)로 인해 대중적으로 알려지게 되었는데 사람에게 어울리는 색을 계절이름에 비유하여 4계절의 그룹으로 설명되었습니다. 이 책은 당시 여성들에게 패션 지침서로서 큰 인기를 얻었습니다. 퍼스널컬러 색 이론은 자연과학자 루드(O.N.Rood), 스위스 화가 요하네스 이텐(Johannes Itten), 색채학자 파버 비렌(Faber Birren), 로버트 도어(Robert Dorr) 등의 색채조화 이론이 바탕이 되어 만들어졌습니다.

    퍼스널컬러의 색은 크게 따뜻한 색, 차가운 색으로 분류되어지는데 따뜻한 색이란 노란빛의 성향을 많이 띄는 색을 얘기하고 옐로우 베이스(yellow base)이고 웜톤으로 불립니다. 반면에 푸른빛의 성향을 많이 띠는 색으로 차갑게 보여지는 색을 블루베이스(blue base)라고 얘기하며 쿨톤이라고 합니다. 옐로우베이스와 블루베이스 어느 쪽에도 크게 치우치지 않는 중립적(neutral)인 색을 중심으로 따뜻하고 차가운 색을 분류하지만, 색은 상대적으로 다른 색의 영향을 받기 때문에 절대적으로 분류되는 것은 아닙니다.

이렇듯 퍼스널컬러의 베이스는 색의 온도감과 연관되어 있는 것을 볼 수 있는데 앞장에서 설명된 일반 색채의 온도감(빨강계통 난색, 파랑계통 한색)과는 다르게 구분되어집니다. 퍼스널컬러에서는 빨간색들을 다 모아놓고 봤을 때 그중 따뜻한 색이 있고 차가운 색이 존재하는 것입니다. 파랑도 한색이지만 퍼스널컬러 색 분류에서는 따뜻한 파랑과 차가운 파랑을 구분 짓습니다. 모든 색상계열(빨강, 노랑, 그린, 파랑, 보라)를 따뜻한 색, 차가운 색으로 분류하는 것이 퍼스널컬러 색 분류의 기본 이론입니다. 현존하는 이론에서는 오렌지는 예외이며 웜으로만 분류됩니다. (어떻게 보더라도 푸른 기미를 느낄 수 없기 때문입니다.)

푸른빛의 성향이 강한 색부터 노란빛의 성향이 강한 색까지 그라데이션으로 이해하자.

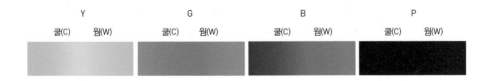

01 | 오렌지가 어울리지 않는 웜도 있다

앞에서 설명했듯이 웜과 쿨은 절대적으로 구분되어지는 건 아닙니다. 색은 옆의 그림처럼 그라데이션으로 변화하기 때문에 상대적으로 어떤 컬러가 옆에 오느냐에 따라 베이스도 변화할 수 있습니다. 웜과 쿨의 정확한 중간 기준 색도 하나의 컬러로 단정 지을 수 없기 때문에 퍼스널컬러 색 구분은 어렵고 힘듭니다. 하지만 웜과 쿨의 컬러만 잘 분류해도 이미지를 변화시킬 수 있기 때문에 얼굴의 변화를 원하는 분들에게 색분류 훈련은 중요합니다.

실제 컨설팅에서 차가운 색보다 따뜻한 색이 더 잘 어울리는데도 불구하고 노란빛이 강한 오렌지가 어울리지 않는 사람을 많이 보았습니다. 그분은 노란빛이 강하지 않고 약한 성향의 컬러가 잘 어울려 홍시 색처럼 오렌지에 가까운 색보다 노란빛이 덜한 토마토의 레드오렌지를 권해 드렸더니 훨씬 안정감이 있었습니다. (여기서 노란빛이 약한 성향의 색은 웜 안에서도 차가운 색의 느낌을 받을 수 있습니다.)

많은 사람이 이처럼 양쪽에 강한 성향을 띄는 색이 어울리지 않는 사람이 많이 있습니다.

그래서 우리는 각 색상마다 웜에서 쿨까지 변화하는 그라데이션을 이해하는 것이 중요하며 자신도 그라데이션 안에서 어느 정도의 색이 잘 어울리는지 판단해야 합니다.

강한 성향   약한 성향   약한 성향   강한 성향

쿨(C)   웜(W)

〈쿨에서 웜으로 변화하는 색상 그라데이션〉

C(쿨)　　　　Cw(쿨에서 따뜻한)　　　Wc(웜에서 차가운)　　　W(웜)

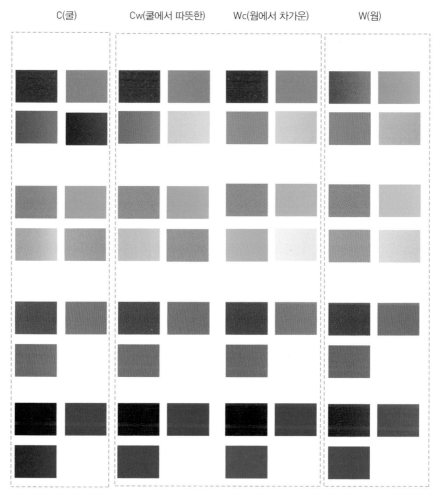

*C, Cw, Wc, W 기호는 이미지민의 베이스 기호표기법입니다.

　웜 안에서도 노란빛이 강한 색(W)이 있고 차가운 색(Wc)도 있습니다. 쿨 안에서도 푸른빛의 성향을 많이 띄는 색(C)도 있고 따뜻한 색(Cw)도 존재합니다.

Wc,Cw 색들 안에서 중립 색이 존재합니다.

색상 그라데이션 안에서 가장 잘 어울리는 베이스를 찾았을 때 얼굴에서 긍정적인 효과를 줄 수 있습니다.

02 | 피부가 예뻐지는 웜과 쿨 베이스

색채는 사람의 얼굴에서 실제적으로 많은 영향을 미칩니다.

색채가 얼굴에 비쳤을 때 그 특성에 따라 얼굴의 색도 변화될 수 있는데 따뜻한 노랑이 많이 들어간 옷을 입거나 염색을 했을 때 노란빛이 과해서 노랗게 뜨는 느낌 혹은 햇빛에 약간 탄 듯한 칙칙함을 느껴본 적 있나요? 아니면 순간 생기 있고 젊어 보이는 느낌을 받은 적은 있나요? 전자는 웜이 어울리지 않았을 때고 후자는 잘 어울렸을 때 느껴지는 현상입니다.

웜의 색들을 얼굴에 올리면 누구나 노란빛을 느낄 수 있는데 어울리면 칙칙하고 과한 노란빛의 느낌이 아니라 오히려 노란빛 때문에 혈색과 윤기감이 느껴지고 따뜻한 색이 팽창감을 주면서 건강하고 탄력 있는 얼굴로 만들어줍니다.

반대로 차가운 쿨색을 입거나 빨간 립스틱을 바르면 순간 얼굴이 화사하고 깨끗하게 보이는 경우가 있습니다. 쿨색은 피부의 색을 옅어 보이게 만들고 투명감을 높여 줍니다.

잘 어울리면 화사하고 얼굴 톤이 전체적으로 정돈된 듯한 느낌을 줄 수 있습니다.

그리고 난색보다 얼굴에서 수축감도 일으킬 수 있고요. 그러나 어울리지 않으면 화사하게 예쁜 것이 아니라 창백하고 아파 보일 수 있습니다.

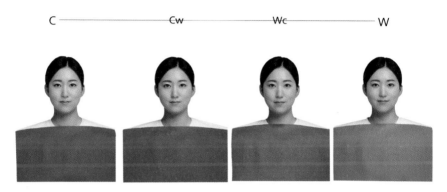

쿨한 색이 잘 어울리는 모델은 웜 색으로 갈수록 얼굴이 팽창되고 노란빛이 과하게 비춰집니다.

고객들은 순간 얼굴이 하얗게 되면 예쁘다고 판단하는 경우가 있는데 부정적인 부분을 자세히 설명해 줬을 때 다들 인정하게 되더라고요. 우리는 하얗기만 한 얼굴을 좋아하지는 않기 때문입니다. 내 피부를 건강하고 예쁘게 만들어 줄 수 있는 방법은 색만 잘 사용해도 가능합니다. 뒤에 진단에서 꼭 어울리는 베이스를 찾아보시길 바랍니다.

이와 같은 웜, 쿨의 영향 때문에 건강하고 젊은 이미지를 주는 광고나 걸그룹의 메이크업에서 따뜻한 색조가 많고, 화사하게 보여야 하는 웨딩, 깨끗한 화장의 광고에서는 차가운 색조 메이크업이 많게 보이는 것입니다.

나를 빛나게 하는
4타입 컬러

퍼스널컬러는 베이스 분류만으로 끝나는 게 아닙니다.

베이스만 구분해서 어울리게 사용해도 되겠지만 더 세세하게 어울리는 색을 찾고 싶다면 4개 그룹으로 다시 분류해야 합니다. 이것이 널리 알려진 '사계절 분류법'이라고도 하는데 봄, 여름, 가을, 겨울 계절의 자연의 색과 이미지에 빗대어 어우러지는 색의 그룹을 말합니다.

각 그룹 안에 있는 색들은 베이스(따뜻하고 차가운)와 색이 가진 속성, 이미지가 비슷하여 조화를 이룹니다. 퍼스널컬러가 사람들에게 관심을 받는 이유 중 하나가 4계절 중 자신에게 해당하는 그룹만 알아도 같은 그룹 안에 색을 사용하면 자연스럽고 예뻐 보일 수 있기 때문입니다. 4계절 봄, 가을 색(봄 그룹의 색, 가을 그룹의 색)은 베이스가 따뜻한 것이 특징이며 여름, 겨울 색(여름 그룹의 색, 겨울 그룹의 색)은 차가운 색들의 그룹이다.

봄

여름

가을

겨울

4계절 가 그룹의 색은 톤(색조)으로 분류하면 이해가 쉽습니다. 앞
에서 배운 톤을 다시 생각해 보세요. 따뜻한 베이스 그룹 중 맑고 가
벼운, 봄의 꽃처럼 컬러 풀한 '톤'이 봄 그룹에 해당되며, 차분하거나
깊이 있는 짙은 톤이 가을입니다.

〈따뜻한 색이 모여 있는 톤맵에서 봄과 가을의 구분〉

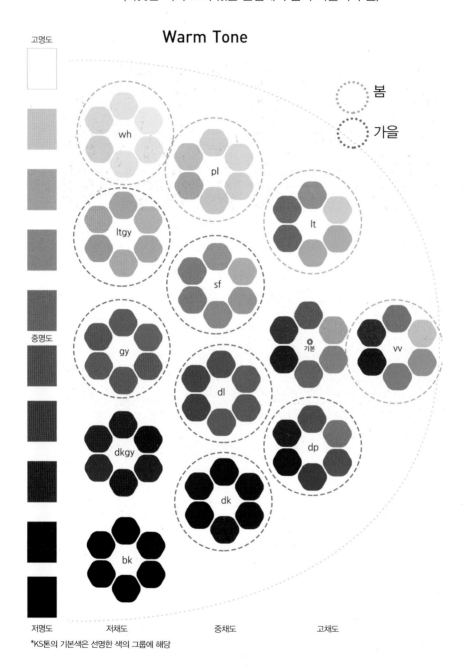

고명도

중명도

저명도   저채도   중채도   고채도

*KS톤의 기본색은 선명한 색의 그룹에 해당

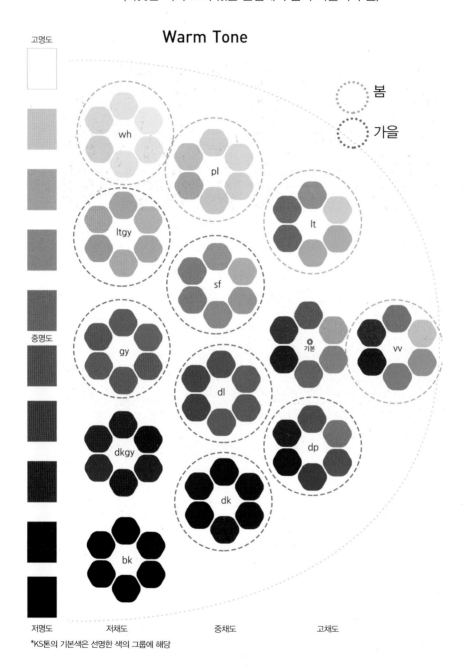

차가운 그룹 중 부드럽고 우아한 톤이 여름, 눈처럼 깨끗하거나 확실한 톤이 겨울로 분류되어집니다.

〈차가운 색이 모여 있는 톤맵에서 여름과 겨울의 구분〉

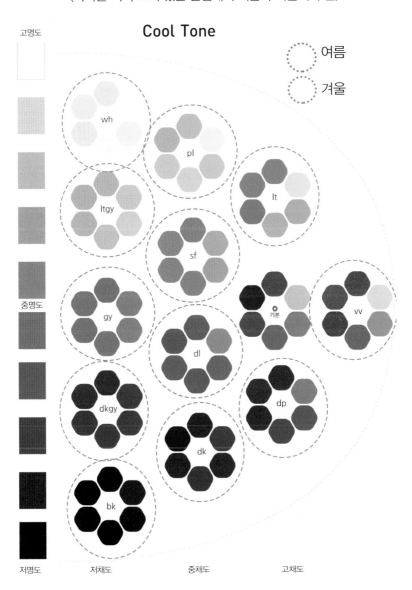

01 | 톤의 얼굴 효과

　톤(Tone)의 특성에 따라 얼굴의 색과 느낌이 변화될 수 있습니다. 선명한 채도의 톤을 얼굴에 대면 색의 선명도처럼 얼굴도 색이 강해지고 광택도 생겨 어울리면 건강해 보일 수 있습니다. 밝은 톤을 올리면 색만큼 얼굴이 밝고 부드러워지는 것을 볼 수 있고 어두운 톤을 댔을 때 같이 어둡고 짙어져서 어울리면 적당히 또렷해질 수 있습니다. 회색을 많이 섞은 톤을 대면 얼굴도 색처럼 부드러워지며 차분해집니다. 물론 어울리지 않으면 각 톤마다 부정적인 효과가 일어나는데 뒷장에 상세히 설명되어 있습니다. 드라마에서도 비비드옷은 화려하고 건강하게 보여져야 하는 캐릭터에서 주로 입고 나오며 여성스러운 캐릭터를 보여져야 할 때는 밝고 부드러운 톤으로 연출하게 됩니다. 톤을 활용해 여배우 얼굴의 느낌을 더 극대화시킬 수 있습니다. 이와 같은 현상은 신체 색도 물체 색으로 색과 함께 반응이 일어나는 것인데 퍼스널컬러 현장에서 일하는 사람들은 모두 알고 있는 사실 중 하나가 이와 같은 색과 얼굴의 동화 현상입니다.

〈톤(색조)에 따른 얼굴 변화〉

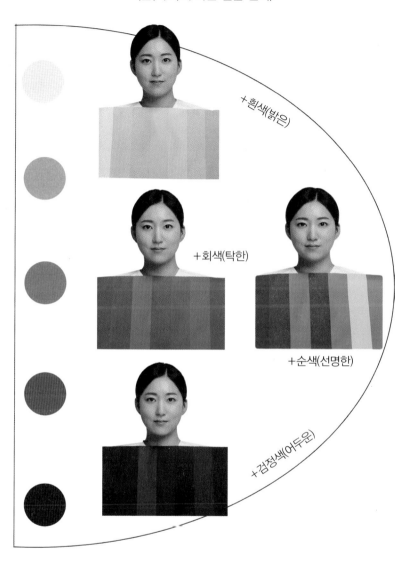

+흰색(밝은)

+회색(탁한)

+순색(선명한)

+검정색(어두운)

Chapter

3

어울리는 컬러를
찾는 방법

01 | 전문가의 진단법

앞에서 색을 잘 숙지했다면 이제 어울리는 컬러를 찾는 방법을 배
워봅시다.

퍼스널컬러 전문가는 퍼스널컬러를 찾기 위해 4계절 그룹의 색이
있는 천을 활용합니다. 이것은 진단천, 드레이프, 테스트컬러 등으로
불립니다. 퍼스널컬러 컨설턴트는 각 그룹의 많은 색 중 진단에 필요
한 빨강, 그린, 핑크, 파란색 등을 얼굴 아래에 대며 피부와 얼굴의 여
러 부분을 복합적으로 비교해 가며 최종적으로 어울리는 색을 선택해
줍니다. 퍼스널컬러 진단은 육안으로 보면 관찰이 어려운 경우가 많
고, 앞에서도 설명했지만 색과 형태, 질감이 모두 영향을 미치기 때문

에 눈으로 관찰하는 것에는 한계가 있습니다.

경험이 많은 전문가 아니라면 더더욱 눈으로 보면서 판단하는 경우 잘못 판단할 수도 있습니다. 초보자가 진단천을 사용하지 않고 눈으로만 확인한다면 시각적으로 전체 이미지가 먼저 보이기 때문에 개성이나 이미지에 의존하게 될 수도 있습니다. 예를 들어 피부도 밝고 형태가 동글동글하고 귀여운 느낌을 지닌 사람이고 목소리까지 생동감이 넘치면 봄 그룹 색이 잘 어울릴 거라고 착각할 수도 있습니다. 물론 풍부한 경험을 통해 육안진단의 정확도가 높은 사람이라면 육안진단을 일차적으로 하는 것도 신뢰할 수 있습니다. 하지만 진단천에 투영시켜 보는 것이 가장 정확하고 객관적인 방법입니다.

02 | 쉽게 따라 하는 셀프진단

1) 첫 번째 웜·쿨 진단

셀프진단 첫페이지 W(노란빛이 강한 웜톤)와 네번째 페이지 C(푸른 빛이 강한 쿨톤)를 얼굴 아래에 대봅니다.

페이지를 넘겨 비교해 가며 어느 쪽이 어울리는지 판단합니다. 어느 쪽도 어울리지 않으면 두 번째 페이지 Wc, 세 번째 페이지 Cw를 중간에 넣고 W, Wc, Cw, C 단계적으로 비교해 봅시다.

주의사항: 사진처럼 턱바로 아랫부분에 올립니다. 불빛은 너무 노랗거나 푸르스름한 빛을 피하는 것이 중요하고 화장기가 없는 얼굴이 좋고, 모양 있고 색이 있는 렌즈는 피해야 합니다.

베이스진단 체크

어느 쪽에서 긍정의 효과가 더 일어나는지 체크합니다.

따뜻한 색(W, Wc)이 잘 어울리면 얼굴에 혈색도 좋아 보이고 생동감이 넘쳐 건강하고 젊어 보일 수 있지만 어울리지 않으면 오히려 칙칙하게 느껴질 것입니다.

차가운 색(C, Cw)이 어울리는 사람은 차가운 색을 올렸을 때 피부가 화사하고 투명하지만 어울리지 않으면 아파 보이게 됩니다.

웜(W 진단지)의 긍정적 부분

W, Wc/ O 혈색이 좋아졌다.

      O 피부가 탄력 있어 보인다. 생동감이 느껴진다.

부정적 부분

W, Wc/ X 칙칙하다.

      X 피부톤이 붉게 상기되어 보인다.

쿨(C 진단지)의 긍정적 부분

C, Cw/ O 전체적으로 피부톤이 밝아지고 투명해 보인다.

      O 인상이 깔끔해 보인다.

부정적 부분

C, Cw/ X 아파 보이고 창백해 보인다.

      X 다크써클, 굴곡진 부분이 더 드러난다.

베이스 판단

(1) 좋은 현상이 어디서 보여지는지 체크(W, Wc/C, Cw)

(2) 나쁜 현상이 어디서 더 많이 보여지는지 체크(W, Wc/C, Cw)

결론: 나쁜 현상이 나타나지 않으면서 좋은 현상이 부각되면 어울린다고 판단

만약 둘 다 단점이 보인다면 장점이 보이는 것을 선택

만약 둘 다 좋은 점이 보인다면 단점을 찾아볼 것

셀프 웜, 쿨
베이스 진단

W(노란빛이 강한)

Wc(노란빛이 약한)

Cw(푸른빛이 약한)

C(푸른빛이 강한)

2) 4타입 톤 진단

다음 진단지(100p) 중 페일톤, 소프트톤, 비비드톤, 딥톤을 한 장씩 얼굴 밑에 대봅니다. 이때 베이스 진단에서 웜 베이스가 나왔다면 W 진단지 중 페일톤, 소프트톤, 비비드톤, 딥톤 선택/쿨 베이스가 나왔다면 C 진단지 중 페일톤, 소프트톤, 비비드톤, 딥톤을 선택합니다. (주의 : 섞어서 사용하면 헷갈리고 결과가 정확하지 않을 수 있습니다.)

아래 긍정적인 효과 부정적인 효과 중 어떤 효과가 보여지는지 체크해 봅시다.

페일톤

긍정: 전체적으로 밝고 화사하게 보여진다.

부정: 전체적인 인상이 약해지며 창백해 보인다.

소프트톤

긍정: 피부가 매끈해 보이면서 인상이 소프트해진다.

부정: 윤곽이 모호해지고 쓸쓸한 인상이 된다.

비비드톤

긍정: 얼굴에 윤기 나고 건강하게 보인다.

부정: 얼굴이 번들거리고 지나치게 색이 들어간 느낌이 난다.

딥톤

긍정: 얼굴의 윤곽이나 인상이 예쁘게 또렷하다.

부정: 얼굴의 수축이 많아 보이고 강하게 보인다.

(1) 좋은 현상이 어디서 보여지는지 체크 (비비드(vv)/페일(pl)/딥
(dp)/소프트(sf))

(2) 나쁜 현상이 어디서 더 많이 보여지는지 체크 (비비드(vv)/페일
(pl)/딥(dp)/소프트(sf))

톤 판단 결론 : 부정적인 효과가 일어나지 않으면서 긍정적인 효과
가 일어난 톤을 어울린다고 판단합니다. 만약 긍정적인 효과가 일
어난 톤이 두 개 이상일 경우 두 개를 비교해 가며 장점과 단점을
한 번 더 잘 살펴봅시다.

3) 셀프 진단 결과

웜(w진단지) 결과

(1) 비비드톤이나 페일톤 중에서 긍정의 효과가 보여지면 봄 타입
의 사람일 확률이 높습니다.

(2) 딥톤이나 소프트톤 중에서 긍정적인 효과가 보이면 가을 타입
일 확률이 높습니다.

쿨(w진단지) 결과

⑶ 비비드톤이나 딥톤 중에서 긍정의 효과가 보여지면 겨울 타입
　의 사람일 확률이 높습니다.

⑷ 페일톤이나 소프트톤 중에서 긍정적인 효과가 보이면 여름 타
　입일 확률이 높습니다.

셀프 진단 결과 체크

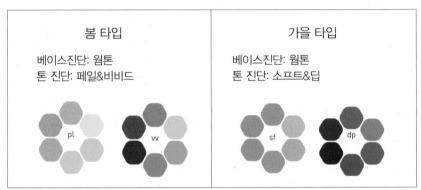

봄 타입

베이스진단: 웜톤
톤 진단: 페일&비비드

가을 타입

베이스진단: 웜톤
톤 진단: 소프트&딥

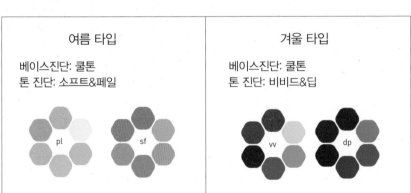

여름 타입

베이스진단: 쿨톤
톤 진단: 소프트&페일

겨울 타입

베이스진단: 쿨톤
톤 진단: 비비드&딥

셀프 톤 진단

W— 페일(pale)톤

W– 소프트(soft)톤

W- 비비드(vivid)톤

W— 딥(deep)톤

C— 페일(pale)톤

C― 소프트(soft)톤

C— 비비드(vivid)톤

＊ 진단 결과는 조금씩 달라질 수도 있습니다.

　얼굴 아래에 색을 비춰서 얼굴에서 긍정적인 효과를 주는 색을 찾는 것이기 때문에 우리 얼굴이 변화되면 어울리는 색도 조금씩 변화합니다. 종종 얼굴에 어울리는 색을 체크해 볼 필요가 있습니다. 정확한 진단은 전문가를 통해 받는 것이 가장 좋으며 전문가에게 받았다 하더라도 컨설팅 방식에서 전문가의 견해는 조금씩 다를 수 있고 조명, 진단 도구의 특성, 헤어 염색 강도, 메이크업 유무 등에 따라서도 다를 수 있습니다.

　제대로 자신에게 어울리는 컬러를 활용하고 싶다면 전문가 수준이 아니더라도 약간의 공부를 하는 것이 옷을 입는데 도움이 될 것입니다.

Part 3

매력적인 퍼스널컬러
코디네이션

Chapter

1

밝고 친근감 있는 색
봄 타입

01 | 봄 타입 컬러 팔레트

봄 타입 색의 특징은 노란빛을 띠는 색이 많고 대부분 따뜻하게 느껴집니다.

톤은 비비드(vv), 라이트(lt), 페일(pl),화이티시(wh) 같은 맑은 색조가 봄그룹에 어울립니다(78p 톤그림을 참고하세요).

*베이스 진단에서 W베이스보다 Wc베이스가 더 잘 어울렸다면 컬러 팔레트에서 노란빛이 약한 색들을
 활용하는 것이 좋다(73p참고)

아래 있는 아이보리, 브라운, 네이비, 그레이 컬러는 패션의 기본
색으로 많이 활용되는데 다른 타입(가을, 겨울, 여름)보다 채도가 높고
쿨 타입에 비해 노란빛이 느껴집니다.

02 | 봄 타입 코디네이션

봄 타입 사람은 얼굴에 혈색을 넣어주는 색을 입었을 때 젊고 생기
있어 보입니다. 밝기는 어둡지 않고 밝은 색을 중심으로 사용합니다.

채도는 선명한 것에서 부드러운 색까지 사용할 수 있으나 맑은 색이 모여 있는 색조 영역을 중심으로 사용해줬을 때 가장 예쁠 수 있습니다.

1) 여성 코디네이션

캐쥬얼   비즈니스

2) 남성 코디네이션

캐쥬얼

비즈니스

3) 봄 타입 배색 코디

〈봄 컬러 팔레트를 활용한 코디네이션 배색〉

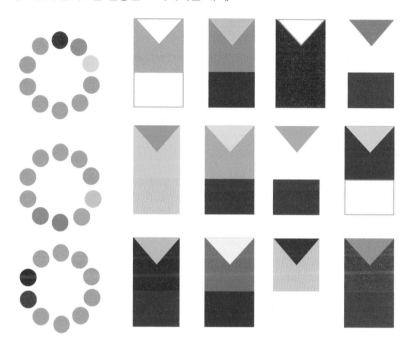

다른 계절 타입 색을 활용하고 싶을 때

| 여름색 활용 | 가을색 활용 | 겨울색 활용 |

*여름 타입 색 선택시 이너는 채도가 높은 컬러로 매칭
 가을 타입 색 선택시 이너는 높은 명도 선택
 겨울 타입 색 선택시 이너는 밝고 노란빛이 강한 색을 선택하는 것이 포인트

4) 봄 타입 사람의 계절별 패션 코디

봄, 여름에는 생기 있고 화사하게!!

특히 4계절에 색이 뚜렷하게 보여지는 나라는 자신에게 어울리는 타입을 계절에 따라 응용하는 것이 좋습니다. 진단결과 봄 타입이 나온 사람들이 생동감 넘치는 색을 봄에는 잘 활용할 수 있는데 다른 계절에 활용도 중요합니다.

〈봄, 여름에 활용하면 좋은 색〉

가을 겨울에는 따뜻하고 화려하게!!

밝고 채도가 높은 색상을 이너에 활용합니다

이너　: 소프트톤의 옐로우 , 옐로우그린 ●, 딥톤(dp)의 오렌지,

　　　옐로우 계열 ● ●, 비비드톤의 퍼플, 블루계열 ● ●

아우터 : 봄 컬러 팔레트(122p)에서 아래 기본색을 활용합니다.

〈가을 겨울에 활용하면 좋은 색〉

03 | 뷰티 컬러 팔레트

파운데이션 : 윤기감 있는 제형, 피부색과 자연스러운 색을 선택

아이섀도　: 반짝이는 제형, 봄 컬러 팔레트를 중심으로 밝고 화사한
　　　　　　 색 사용

립, 치크　 : 봄 컬러 팔레트에서 핑크, 레드계열 색을 사용

헤어컬러　: 옐로우, 오렌지빛 베이지와 브라운

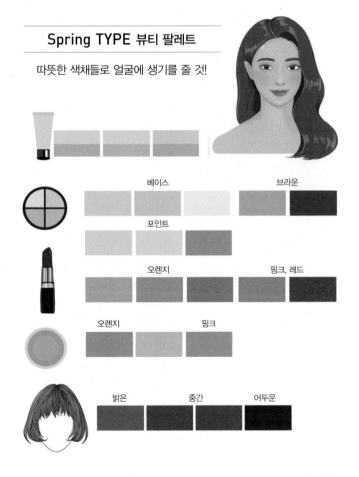

Spring TYPE 뷰티 팔레트

따뜻한 색채들로 얼굴에 생기를 줄 것!

베이스　　　　　　　　　　　브라운

포인트

오렌지　　　　　　　　　　핑크, 레드

오렌지　　　　　핑크

밝은　　　중간　　　어두운

Chapter

2

부드럽고 우아한 색
여름 타입

01 | 여름 타입 컬러 팔레트

여름 타입의 색은 차갑게 느껴지는 색이 많습니다. 부드럽고 흰빛을 띠는 맑은 색도 있지만, 대부분의 색이 회색빛 탁색조에 해당합니다.

쿨 베이스의 색을 중심으로 중간–밝은 명도와 부드러운 채도를 가진 색은 여름 그룹에 어울릴 수 있습니다. 덜톤에서 채도가 높은 색이나 비비드톤보다 약간 채도가 낮은 색도 강하지만 여름 색에 어울릴 수 있습니다.

위의 컬러 중 맨 아래에 있는 브라운, 네이비, 그레이 컬러는 패션의 기본색으로 많이 활용되는데 다른 타입(봄, 가을)보다 푸른빛의 성향을 더 띄며 겨울 타입에 비해 부드러움이 느껴집니다. 우유색처럼 부드러운 흰색도 포함됩니다.

02 | 여름 타입 코디네이션

1) 여성 코디네이션

여름 타입 사람은 봄처럼 얼굴에 혈색을 많이 주는 색을 입으면 오히려 칙칙하고 번들거려 보일 수 있습니다. 색으로 얼굴의 톤을 깨끗하고 피부를 투명하게 만들어 주면 부드럽고 편안해 보입니다. 밝기는 어둡지 않고 중간–밝은 색을 중심으로 사용합니다.

캐쥬얼   비즈니스

중채도-저채도의 부드러운 색을 사용해 주면 우아하고 세련된 느낌을 줄 수 있습니다.

2) 남성 코디네이션

캐쥬얼   비즈니스

3) 여름 타입 배색 코디

〈여름 컬러 팔레트를 활용한 코디네이션 배색〉

다른 계절 타입 색을 활용하고 싶을 때

봄색 활용   가을색 활용   겨울색 활용

* 웜 타입 색 선택시 강한 노란빛은 하의로 매칭
  겨울 타입 색 선택시 이너는 밝거나 부드러운 색을 선택하는 것이 포인트

4) 여름 타입 사람의 계절별 패션 코디

봄, 여름에는 부드럽고 생기 있게!!

〈봄, 여름에 활용하면 좋은 색〉

가을, 겨울에는 우아하고 세련되게!!

가을 겨울에는 전체 배색이 너무 어둡거나 강하지 않도록 합니다.

이너 : 밝고 부드러운 라이트그레이시(ltgy) ● ●, 소프트톤(sf)

● ●, 밝은그레이 ● 중심으로 사용해 주면 계절과 잘 어

우러집니다.

아우터 : 여름의 브라운, 네이비 ● ●, 그레이 색을 활용하면 좋고

톤은 덜, 그레이시, 다크톤으로 세련되게 연출되어집니다.

〈가을 겨울에 활용하면 좋은 색〉

03 | 뷰티 컬러 팔레트

파운데이션 : 산뜻한 제형, 피부색과 자연스러운 색을 선택

아이섀도　 : 여름 컬러 팔레트를 중심으로 밝고 부드러운 색 사용

립, 치크　　 : 여름 컬러 팔레트에서 핑크, 레드, 퍼플계열 색을 사용

헤어컬러　 : 애쉬빛 브라운, 부드러운 베이지, 옅은 퍼플

Summer TYPE 뷰티 팔레트

부드러운 색채들로 부드럽고 여성스럽게

베이스　　　　　　　브라운

포인트

푸른빛이 강한 레드, 핑크　　　푸른빛이 약한 레드, 핑크

핑크

밝은　　　　중간　　　　어두운

Chapter

3

고급스럽고 깊이 있는 색
가을 타입

01 | 가을 타입 컬러 팔레트

    색의 특징은 계절의 자연색처럼 따뜻하고 안정감이 느껴지는 색이 많습니다.

    부드럽고 차분한 회색빛 탁색도 있고 가을 단풍처럼 깊이 있고 화려한 색, 고풍스러운 어두운 색들도 있습니다.

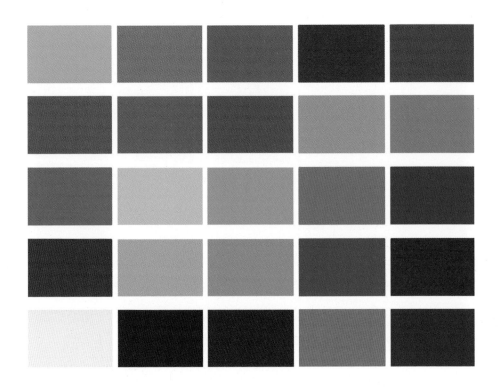

위의 컬러 중 맨 아래에 있는 브라운, 네이비, 그레이 컬러는 가을의 기본 컬러로 다른 타입보다 노란빛의 성향을 더 많이 띠고 봄에 비해 어둡고 깊이가 느껴집니다.

02 | 가을 타입 코디네이션

1) 여성 코디네이션

가을은 봄처럼 혈색을 주는 색을 주로 활용하지만 봄보다 더 깊이 있게 색을 사용해 줍니다. 밝은 색도 있기는 하지만 중간에서 어두운 색들을 활용했을 때 고급스럽고 깊이감이 느껴질 수 있습니다.

캐쥬얼   비즈니스

2) 남성 코디네이션

캐쥬얼   비즈니스

3) 가을 타입 배색 코디

〈가을 컬러 팔레트를 활용한 코디네이션 배색〉

다른 계절 타입 색을 활용하고 싶을 때

봄색 활용	여름색 활용	겨울색 활용

* 봄 타입 색 선택시 채도가 옅은 색 연출
  쿨 타입 색 선택시 이너는 노란빛이 많은 컬러를 선택하는 것이 포인트

4) 가을 타입 사람의 계절별 패션 코디

봄, 여름에 부드럽고 건강해 보이게!!

이너 : 밝은 색조인 소프트톤(sf)에서 오렌지, 옐로우, 옐로우그
       린 ●●● 계열처럼 채도가 높은 색을 밝은 색과 함께
       사용하면 좋습니다.

아우터 : 라이트그레이시(ltgy) ●●●, 소프트톤(sf)을 활용하면
       밝고 부드럽게 연출할 수 있습니다.

〈봄, 여름에 활용하면 좋은 색〉

가을, 겨울에는 깊이 있고 고급스럽게!!

가을의 깊이 있는 컬러를 중심으로 사용하며 강하고 화려한 색을
포인트로 사용해도 세련되게 연출할 수 있습니다.

〈가을, 겨울에 활용하면 좋은 색〉

03 | 뷰티 컬러 팔레트

파운데이션 : 산뜻한 제형, 피부색과 자연스러운 색을 선택

아이섀도 : 가을 컬러 팔레트를 중심으로 밝고 부드러운 색 사용

립, 치크 : 가을 컬러 팔레트에서 핑크, 레드계열 색을 사용

헤어컬러 : 어두운 옐로우 브라운, 오렌지 브라운, 매트 브라운

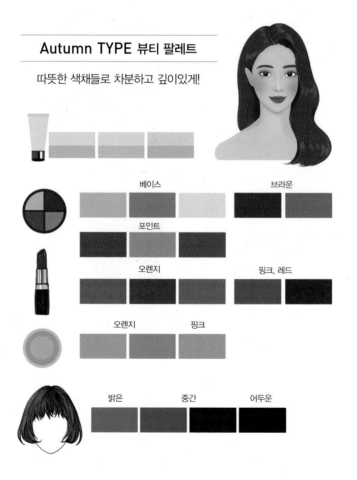

Autumn TYPE 뷰티 팔레트
따뜻한 색채들로 차분하고 깊이있게!

베이스　　　브라운

포인트

오렌지　　　핑크, 레드

오렌지　　핑크

밝은　　　중간　　　어두운

Chapter

도시적이고 세련된 색
겨울 타입

01 | 겨울 타입 컬러 팔레트

선명한 비비드톤(vv), 밝고 깨끗한 라이트(lt), 화이티시톤(wh)과 어둡고 강한 딥(dp), 다크(dk), 블랙키시시톤(bk) 같은 블랙에 가까운 색들이 모여 강한 대비감을 이룹니다.

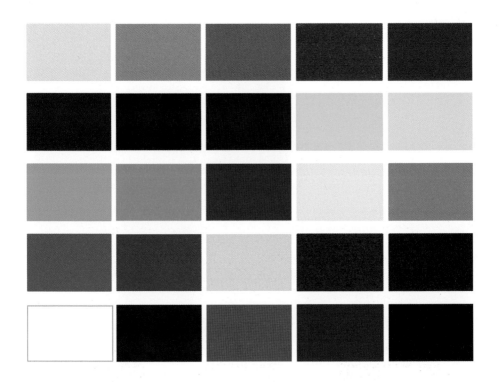

위의 컬러 중 맨 아래에 있는 화이트, 브라운, 네이비, 그레이 컬러
는 겨울의 기본컬러로 다른 타입(봄, 가을)보다 푸른빛의 성향을 더 띠
며 여름 타입과 비교하면 어둡고 강하게 느껴집니다.

02 | 겨울 타입 코디네이션

1) 여성 코디네이션

겨울은 여름과 다르게 윤곽을 또렷하게 해주는 색, 얼굴을 깨끗하고 투명하게 만드는 색을 활용하면 좋습니다. 밝기는 사계절 중 가장 다양하게 사용하며 채도는 아예 옅어 흰 눈처럼 순수하고 깨끗한 느낌을 주거나 아주 화려하게 선명한 색을 사용합니다.

어둡고 블랙에 가까운 색도 도시적인 느낌을 줄 수 있습니다.

캐쥬얼   비즈니스

2) 남성 코디네이션

캐쥬얼   비즈니스

3) 겨울 타입 배색 코디

〈겨울 컬러 팔레트를 활용한 코디네이션 배색〉

다른 계절 타입 색을 활용하고 싶을 때

| 봄색 활용 | 여름색 활용 | 가을색 활용 |

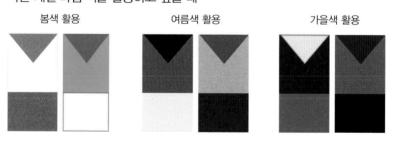

* 봄 타입 색 선택시 이너는 차가운 컬러로 매칭
  여름 타입 색 선택시 이너는 낮은 명도 선택
  가을 타입 색 선택시 노란빛이 강하지 않는 색을 선택하는 것이 포인트

4) 겨울 타입 사람의 계절별 패션 코디

봄, 여름에는 밝고 산뜻하게!!

겨울 타입 색은 다양한 밝기와 선명도로 이루어져 있는데 그 중 봄, 여름에는 밝은 색이나 밝고 선명한 색을 사용하시면 좋습니다. 어두운 블랙도 화이트, 화이티시톤(wh)이랑 함께 매칭하면 세련됨을 줄 수 있습니다.

〈봄, 여름에 활용하면 좋은 색〉

가을 겨울은 도시적이고 세련되게!!

가을, 겨울은 블랙과 화이트, 다크(dk) ● ●, 블랙키시(bk) ● ●,

다크그레이시톤(dkgy) ● ● 을 활용하면 세련되게 연출 가능하고 비

비드(vv) ● ●, 딥톤(dp) ● ● 을 중심으로 개성을 살려도 좋습니다.

〈가을 겨울에 활용하면 좋은 색〉

03 | 뷰티 컬러 팔레트

파운데이션 : 윤기감 있는 제형, 피부색과 자연스러운 색을 선택

아이섀도 : 겨울 컬러 팔레트를 중심으로 밝고 화사한 색 사용, 선명
하고 짙은 색 포인트로 사용

립, 치크 : 겨울 컬러 팔레트에서 핑크, 레드, 퍼플계열 색을 사용

헤어컬러 : 페일톤 컬러, 레드, 퍼플, 블루 블랙, 블랙

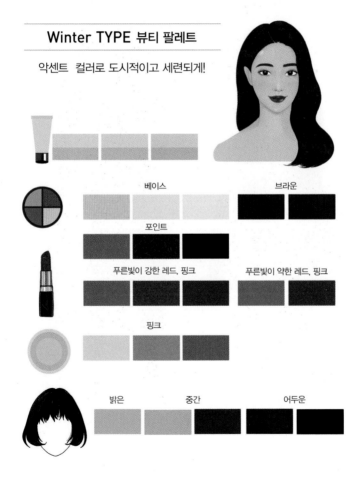

Winter TYPE 뷰티 팔레트

악센트 컬러로 도시적이고 세련되게!

베이스   브라운

포인트

푸른빛이 강한 레드, 핑크   푸른빛이 약한 레드, 핑크

핑크

밝은   중간   어두운

• 4계절 타입 뷰티이미지

봄 타입

여름 타입

가을 타입

겨울 타입

• 퍼스널컬러는 나이가 들수록 중요합니다.

생각해 보면 어렸을 적엔 어떤 컬러를 입어도 얼굴이 칙칙해진다거나 탄력이 없어 보인다는 느낌을 받지 못했습니다. 그런데 지금은 색에 따라 확연하게 얼굴의 느낌도 다르고 특히 피부색이나 질감이 많이 차이가 나는 것이 느껴집니다.

사람은 30대 초반에 한번, 60대 초반에 한번 확 늙었다는 생각을 하게 된다고 합니다. 실제로 피부에 가장 큰 변화가 일어나는 시기가 30대 초반이라고 많은 사람이 얘기하는데 저도 그쯤 탄력에 대한 고민을 해 보게 된 것 같습니다.

최근에 피부관리 샵에서 볼 수 있는 기계들이 홈케어로 많이 인기를 끌고 있어 친구들의 추천으로 저도 여러 개 구매했습니다. 또한 병원에서 하는 피부탄력을 위한 시술이 계속 개발되고 연구되며 소비자가 실로 많은 투자를 하는 걸로 보면 여성에게 피부는 보여지는 이미지이기 때문에도 중요하지만 젊음과 관련이 있다 보니 스스로 자신감을 찾고자 끊임없이 노력하는 것으로 보입니다. 저는 이런 사람들에게 색이 갖는 힘을 믿고 보다 젊고 건강하게 보일 수 있는 색을 꼭 찾아보라고 얘기하고 싶습니다. 나에게 어울리는 색은 피부를 예쁘게 만들 수 있고 단점도 보완할 수 있습니다.

Part 4

나에게 어울리는
이미지를 찾아보자

입는 옷이 곧
그 사람이다

사토쿠니오의 테이스트스케일 원서에 '입는 옷에 따라 그 사람이 만들어진다'라고 카라일이라는 작가의 말이 인용되어 있는데 패션의 중요성을 강조하는 말이라 매우 공감됐습니다. 가끔 자리에 따라 고급스러운 옷을 입을 때가 있는데 그러면 나도 모르게 품위 있게 행동을 하고 말을 하려는 모습을 발견하게 됩니다. 드라마에서도 인물의 패션 스타일에서 이미 어떤 사람인지 느낄 수 있고 일치했을 때 더 공감이 가면서 연기를 잘하는 것처럼 보여졌을 것입니다. 패션은 개인의 감성적 욕구를 충족시킬 수 있을 뿐만 아니라 목적에 맞게 연출함으로써 사람들의 인식을 전환시켜 주는 역할을 하기 때문에 중요합니다. 뷰티도 마찬가지이죠. 단순히 입고 바르는 행위에 불가하지 않고 현대에는 자신을 표현하는 최고의 수단이 될 수 있기 때문에 잘 알고 활용하면 여러모로 도움이 될 것입니다.

그리고 현대에 SNS가 발달하면서 패션이 지닌 메시지의 힘은 더욱 강해졌습니다. 사회문제, 환경문제를 얘기하는 문구가 적힌 옷을 입은 모델들이 런웨이에 서서 강력한 메시지를 전달하는가 하면 매번 선거철이 되면 볼 수 있는 장면인데 슬로건이 새겨진 티를 단체로 입고 선거운동을 하는 모습은 이제 흔하게 볼 수 있습니다. 우리는 많은 말보다 이미지 한 장이 더 강력하게 상대에게 인식될 수 있다는 것을 누구나 알고 있습니다.

나를 들어내고 싶다면 내 감성과 취향, 성격에 어울리는 이미지를 찾고 맞는 옷과 뷰티를 연출했을 때 가장 편안하고 나다움을 느낄 수 있습니다. 또한 성공적으로 메시지를 전하고 싶다면 그 상황과 어울리는 이미지를 연출했을 때 효과적입니다.

앞에 카라일의 말을 조금 바꿔 보겠습니다.

"입는 옷이 곧 그 사람이다."

지금부터 패션의 이미지를 이해하고 만드는 규칙을 배워 세련되게 이미지를 업시켜 보시길 바랍니다.

01 | 22테이스트스케일 메소드(22tast scale method)

이미지를 정확하게 전달하기 위해 디자인, 패션, 뷰티 산업 현장에서 '이미지 스케일'을 많이 사용하고 있습니다(특성에 따라 이미지 스케일, 컬러스케일 등으로 불려집니다).

이 책은 '테이스트스케일'을 활용하여 패션 이미지의 규칙을 설명하였습니다.

테이스트스케일이란 기존의 이미지 스케일과 다르게 최초로 디자인과 사람의 기호 감성을 한눈에 보기 쉽게 체계적으로 척도화시키고 22가지 이미지 카테고리로 정립시켜 놓은 것으로 심미적인 커뮤니케이션을 위한 도구입니다. 테이스트스케일은 약 7만 명의 심리적인 통계분석연구에 의한 세계에서 최초로 정부과학적으로 개발된 것으로 감성 카테고리에 관해 공감성이 실증되었다고 해도 과언이 아닙니다. 이것은 디자인적 요소가 강한 복장에도 적용될 수 있습니다. 패션, 헤어, 메이크업도 색, 형태(무늬, 실루엣), 소재(질감)의 디자인 요소들을 갖고 있기 때문에 요소의 특성에 따라 이미지로 분류될 수 있기 때문입니다.

내가 원하는 이미지를 만들 때 스케일의 간단한 규칙만 이해해도 빠르고 성공적으로 이미지를 만들어 낼 수 있게 될 것입니다.

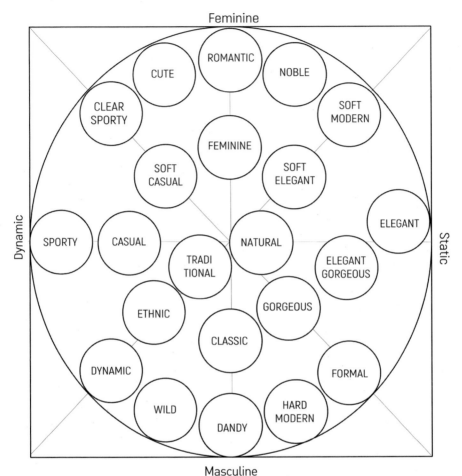

〈Taste Scale Method〉

참고 : 테이스트스케일은 일본의 색채학자 사토쿠니오의 연구팀에 의해 상품 개발방
    법으로 고안되었으며 그의 제자 가와나미 다카꼬(KAWANAMI TAKAKO)에
    의해 패션 코디네이션 방법으로 연구 완성되었습니다. 스케일의 이미지형용사
    가 색, 형태, 소재의 강약, 농담에 따라 각 위치에 배치되어 있어 패션, 뷰티, 인
    테리어 분야에 활용도가 높습니다.

02 | 퍼스널컬러와 9가지 이미지

퍼스널컬러는 앞에서 설명된 것처럼 신체 색과 조화로운 컬러를 얘기합니다.

그런데 어울리는 색을 찾았음에도 불구하고 어딘가 모르게 어색하게 느껴지거나 직업이나 역할에 위화감이 들어 활용이 안 되는 경우도 많습니다. 나의 경우 퍼스널컬러인 봄의 컬러풀한 컬러가 얼굴을 생동감 있고 젊어 보이게 만드는 건 맞는데 개인적 취향과 맞지 않아서 처음에 진단을 받고 당황했었던 기억이 있습니다. 또 색은 예쁜데 소재나 무늬 등이 개인의 이미지와 너무 동떨어져 퍼스널컬러임에도 불구하고 잘 어우러지지 않게 느껴지는 경우도 많이 보았습니다. 옷으로 매력을 살리기 위해서는 퍼스널컬러 색만 중요한 것이 아니라 개인의 취향, 분위기도 고려하여 배색, 무늬, 소재 등이 이미지에 맞게 연출되어져야 합니다. 퍼스널컬러와 패션의 이미지를 함께 공부하면 자신과 자연스럽게 어울리는 코디네이션을 할 수 있고 상황에 어울리는 이미지를 자유롭게 연출할 수도 있습니다.

본서는 퍼스널컬러와 9가지 이미지를 조합하여 누구나 쉽게 자신의 이미지를 업시킬 수 있게 하는 것이 목적입니다. 여기서 9가지 이미지는 앞에 설명한 테이스트스케일 22가지를 심플하게 9가지로 재분류하여 이미지의 명칭을 이해하기 쉽게 변경하였습니다. 위치가 가까운 타입은 어울리는 패션이 비슷하므로 9가지로 크게 분류하더라도 자기 연출을 잘할 수 있습니다.

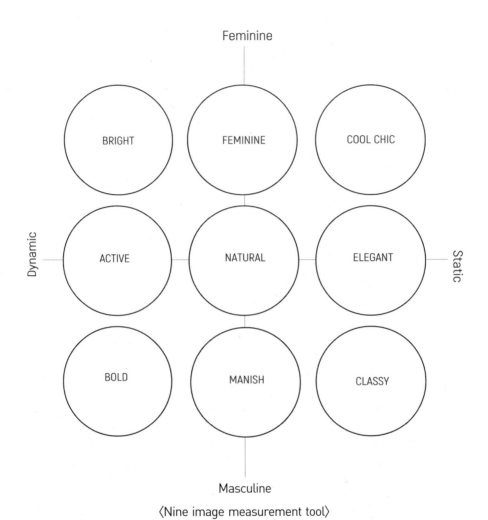

Feminine

Dynamic

Static

Masculine

BRIGHT

FEMININE

COOL CHIC

ACTIVE

NATURAL

ELEGANT

BOLD

MANISH

CLASSY

〈Nine image measurement tool〉

Feminine

Dynamic

Static

Masculine

BRIGHT

FEMININE

COOL CHIC

ACTIVE

NATURAL

ELEGANT

BOLD

MANISH

CLASSY

〈Nine image measurement tool〉

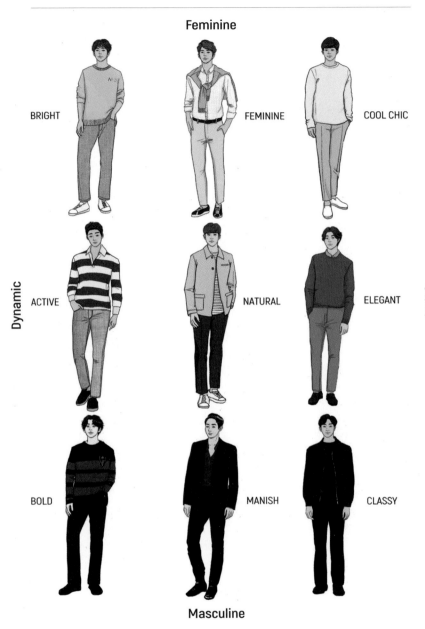

Feminine

BRIGHT   FEMININE   COOL CHIC

Dynamic

ACTIVE   NATURAL   ELEGANT

Static

BOLD   MANISH   CLASSY

Masculine

〈Nine image measurement tool〉

위의 사진에서 보여지는 패션 이미지는 윗부분은 부드럽고 가벼운 느낌, 아래 이미지들은 딱딱하고 무거운 느낌이 들 것입니다. 오른쪽은 얌전한 이미지의 느낌이 날 것이고 왼쪽은 활기찬 느낌이 납니다. 세로 방향은 색, 형태의 무게감 변화, 가로 방향은 강도의 변화로 이미지가 배치되어 있습니다. 각각의 이미지의 패션스타일은 색, 무늬, 소재, 실루엣으로 이루어져 있으며 색 40% 형태 60%(무늬 30%, 실루엣 20%, 소재 10%) 순으로 영향을 미칩니다. 색상, 톤, 배색만 변화해도 이미지를 다르게 느낄 수 있습니다.

위의 사진 중 연출하고 싶은 이미지가 있다면 다음 장부터 나오는 각 이미지 연출법을 따라서 해 보세요.

이미지
셀프 진단

자신의 감성과 성격은 얼굴의 이미지를 형성화할 수 있습니다. 그래서 타고난 얼굴의 생김은 있겠지만 지금 얼굴의 이미지는 내가 만든 것일 확률이 높습니다. 얼굴 이미지와 패션의 이미지가 일치했을 때 타인의 눈에도 조화롭게 보이며 나의 개성을 잘 드러낼 수 있게 됩니다.

정확한 진단은 전문가를 통해 받는 것이 가장 좋지만 아래 두 가지 셀프 진단을 통해 대략 어울리는 이미지를 확인할 수 있습니다.

01 | 첫 번째 진단: 감성 체크

9가지 이미지 중 어떤 이미지와 가장 잘 어울리는지 질문을 통해 확인해 봅니다.

1) 어떤 무늬를 선호합니까? 　a. 작은 무늬나 무늬가 없는 것 　　(손톱보다 작은) 　b. 큰 무늬 (여성의 주먹보다 큰) 　c. 너무 작지도 크지도 않는 크기	2) 어떤 소재를 선호합니까? 　a. 가볍고 부드러운 　b. 무겁고 힘 있는 　c. 중간
3) 어떤 향을 선호합니까? 　a. 가볍고 은은한 향 　b. 깊이 있고 고급스러운 　c. 너무 가볍지도 무겁지도 않은 향	4) 어떤 크기의 패턴이 가장 마음에 드시나요?

결과 체크: 가장 많이 나온 것 선택 a/b/c

5) 어떤 이미지를 선호하나요? 　d. 활기찬, 즐거운, 사교적인, 친근한, 　　개성있는 　e. 차분한, 여성스러운, 품위 있는, 　　고급스러운, 단정한, 세련된 　f. 중간	6) 어떤 음악을 선호하나요 ? 　d. 경쾌한, 리듬이 빠른 　e. 잔잔한, 고요한 　f. 중간
7) 어떤 인테리어를 좋아하나요?(카페) 　d. 개성있는, 재미있는 인테리어 　e. 심플하고 세련된 인테리어 　f. 자연스러운, 안정된, 온화한	8) 어떤 배색이 가장 마음에 드시나요?

결과 체크: 가장 많이 나온 것 선택 d/e/f

이미지 진단결과		
a−d = 브라이트 이미지	b−d = 볼드 이미지	c−d = 액티브 이미지
a−e = 쿨 시크 이미지	b−e = 클래시 이미지	c−e = 엘레강스 이미지
a−f = 페미닌 이미지	b−f = 매니쉬 이미지	c−f = 내츄럴 이미지

예시) a−c중 a가 가장 많았고 d−f 중 d가 가장 많다면 브라이트 이미지 같은 밝고 경쾌한 분위기가 잘 어우러질 수 있습니다.

02 │ 두 번째 진단: 진단지 활용법

감성 체크에서 확인한 이미지가 실제 얼굴에서 잘 어울리는지 확인해 봅니다.

다음 배색 패턴지 중 해당 이미지(감성체크 결과)를 찾아 얼굴 아래에 대봅니다(퍼스널컬러 셀프진단 방식 참고하세요).

다양한 이미지의 옷을 입어보면서 판단하면 가장 좋겠지만 색상, 배색, 형태가 다른 9장의 테스트지에 투영시켜 확인하는 방법으로 어울리는 이미지를 찾아봅시다.

어울릴 경우: 얼굴이 안정적이고 편안한 느낌이 들며 세련돼 보입니다.

어울리지 않을 경우: 힘이 빠져 보이거나 패턴만 너무 강하게 보이

고 나이가 들어 보일 수 있습니다.

선택한 이미지가 어울리지 않는다고 생각되면 9장의 패턴지 중 가장 마음에 드는 테스트지를 다시 선택하여 얼굴에서 안정적인 이미지를 찾아보시길 바랍니다.

브라이트(Bright) 이미지

페미닌(Feminine) 이미지

쿨 시크(Cool chic) 이미지

액티브(Active) 이미지

내추럴(Natural) 이미지

엘레강스(Elegance) 이미지

볼드(Bold) 이미지

매니시(Mannish) 이미지

클래시(Classy) 이미지

Part 5

사람의 마음을 사로잡는
9가지 이미지

Chapter

생기가 넘치는
브라이트 Bright 이미지

01 | 브라이트 이미지 컬러 팔레트

위의 색을 통해 먼저 브라이트 이미지 감성을 느껴봅시다. 밝고 생동감이 넘치는 톤으로 친근감과 즐거움을 줍니다. 맑은 날 파란 하늘, 아이들의 장난감, 싱그러운 과일 색을 상상하면 브라이트 이미지의 감성을 이해하기 쉽습니다.

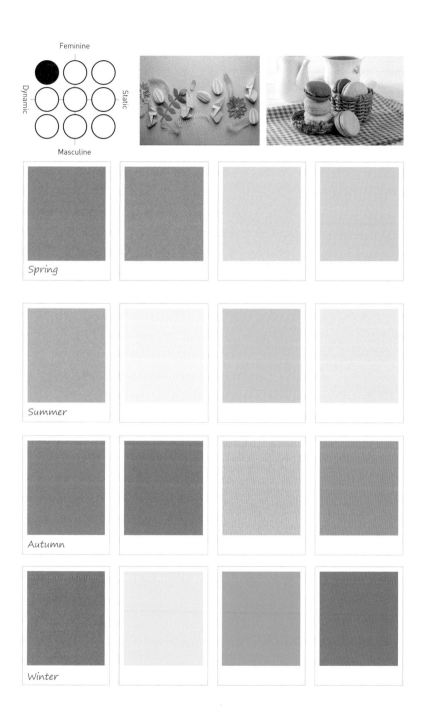

Feminine

Dynamic · Static

Masculine

Spring

Summer

Autumn

Winter

02 | 브라이트 이미지 x 4계절 타입 패션

패션에서도 따뜻하고 친근감을 전달합니다. 흰색, 밝은 화이티시 (wh), 페일(pl)톤을 기본색으로 생동감 넘치는 라이트(lt), 따뜻한 소프트(sf)톤을 함께 사용합니다. 배색은 대조나 보색 배색으로 차이를 두는 것이 더 발랄해 보일 수 있습니다.

어울리는 무늬는 최대 크기가 어른 손가락 한마디 정도 사이즈로 크지 않은 물방울, 꽃무늬, 깅엄체크, 스트라이프, 곡선 무늬가 좋습니다. 소재는 짜임이 촘촘하지 않고 움직이기 쉬운 소재가 어울리며 거친 느낌(데님)의 소재도 좋습니다. 색+무늬+소재를 모두 맞춰 입으면 브라이트 이미지 감성을 완벽히 느낄 수 있지만 어렵다면 색을 우선으로 생각하고 입어봅시다.

만약 선명한 색이 부담된다면 전체적으로 밝은 색을 선택하고 무늬, 소재에 생동감을 줍니다.

자신의 퍼스널컬러 타입이나 시즌에 따라 옆에 있는 색을 적용해 봅시다.

이때 Part 3의 챕터 1, 2, 3, 4에 나와 있는 퍼스널컬러 팔레트를 참고하여 메인컬러를 선택하고 옆에 배색과 비슷한 느낌으로 연출해 보세요.

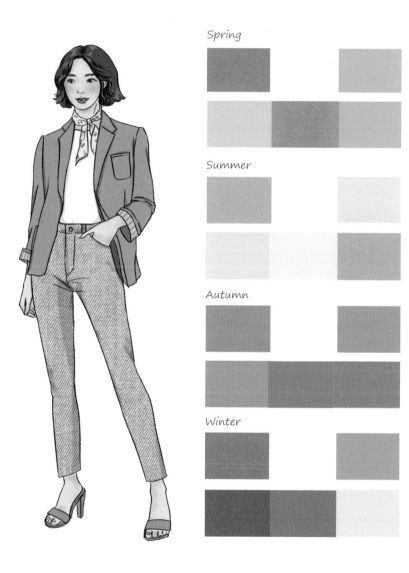

Spring

Summer

Autumn

Winter

Chapter

2

여성스러운
페미닌Feminine 이미지

01 | 페미닌 이미지 컬러 팔레트

옆의 색을 통해 먼저 패미닌한 이미지 감성을 느껴봅시다.

페미닌이 이미지의 색은 전체적으로 부드럽고 로맨틱한 분위기를
느낄 수 있게 해줍니다. 벚꽃 같은 여린 핑크계열, 밝게 비추는 햇살
같은 노란빛, 포근한 민트색을 상상하면 페미닌한 이미지의 감성을
이해하기 쉽습니다.

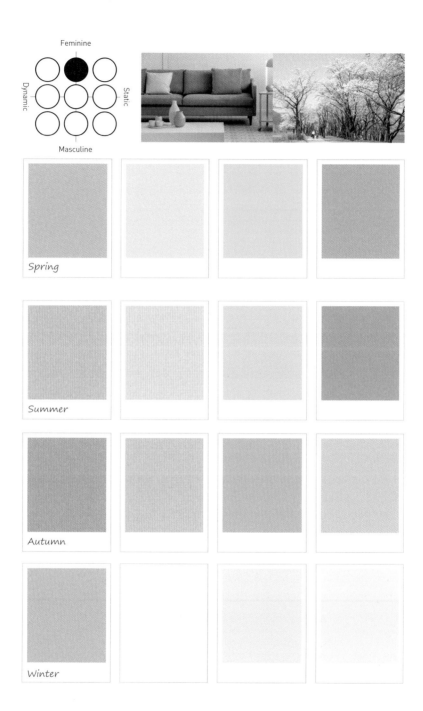

Feminine

Dynamic

Static

Masculine

Spring

Summer

Autumn

Winter

02 | 페미닌 이미지 x 4계절 타입 패션

패션에서도 밝고 온화한 아름다운 여성의 이미지를 전달합니다.

밝은 화이티시(wh)톤이나 아이보리, 오프화이트를 기본색으로 부드러운 페일(pl), 라이트그레이시(ltgy), 따뜻한 소프트(sf)톤을 함께 사용합니다. 유사색상, 유사톤의 배색으로 부드러운 이미지를 연출해 보세요.

무늬는 브라이트 이미지보다 조금 더 작아도 되며 최대 크기가 어른 새끼손가락 한마디 정도 사이즈로 아르누보의 자연무늬, 흐릿한 무늬, 직조무늬, 무지, 옅은 줄무늬 등이 좋습니다. 소재는 얇고 유연한 직물, 투명도가 높은 직물, 가볍고 만졌을 때 부드러운 촉감의 소재가 잘 어울립니다. 색+무늬+소재를 모두 맞춰 입으면 페미닌 이미지 감성을 완벽히 느낄 수 있지만 맞추기 어렵다면 색을 우선으로 생각해 보시길 바랍니다.

자신의 퍼스널컬러 타입이나 시즌에 따라 옆에 있는 색을 적용해 봅시다(퍼스널컬러는 Part 3을 참고하세요).

Spring

Summer

Autumn

Winter

밝고 세련된
쿨 시크^{Cool chic} 이미지

01 | 쿨 시크 이미지 컬러 팔레트

옆의 색을 통해 먼저 쿨 시크 이미지의 감성을 느껴봅시다.

쿨 시크 이미지는 차가운 색을 위주로 밝고 옅은 색들로 이루어져 한색의 우아한 세련된 분위기를 줄 수 있습니다. 아침 안개 같은 연한 회색빛 화이트, 연한 청보라, 밝은 회색빛 하늘색, 깨끗한 흰색 등 상상하면 쿨 시크한 이미지의 감성을 이해하기 쉽습니다.

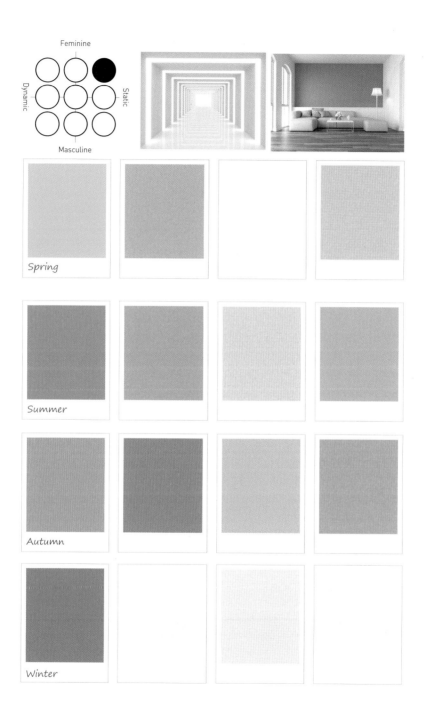

Feminine

Dynamic

Static

Masculine

Spring

Summer

Autumn

Winter

02 | 쿨 시크 x 4계절 타입 패션

패션에서도 쿨 시크 이미지는 부드럽고 세련된 이미지를 전달할 수 있습니다.

색은 밝은 그레이, 밝고 깨끗한 화이티시(wh), 우아하고 세련된 라이트그레이시(ltgy), 페일(pl)톤 등 밝고 옅은 톤들을 중심으로 동일색, 유사색이나 유사톤의 배색이 잘 어울립니다. 무늬는 없거나 직조무늬, 옅은 무늬 등이 좋습니다.

가볍고 짜임이 촘촘한 소재가 적합하며 표면이 은은한 광택감과 함께 매끄러운 소재, 구김이 덜한 고급스러운 소재도 잘 어울립니다. 색+무늬+소재를 모두 맞춰 입으면 쿨 시크 감성을 완벽히 느낄 수 있지만 어렵다면 색을 우선으로 생각하고 입어봅시다.

자신의 퍼스널컬러 타입이나 시즌에 따라 옆에 있는 색을 적용해봅시다(퍼스널컬러는 Part 3을 참고하세요).

Spring

Summer

Autumn

Winter

선명하고 활기찬
액티브^{Active} 이미지

01 | 액티브 이미지 컬러 팔레트

옆의 색을 통해 먼저 액티브한 이미지 감성을 느껴봅시다.

액티브 이미지는 선명한 색이 강한 콘트라스트를 이루어 강렬하고 역동적인 이미지를 느끼게 해줍니다. 운동선수들의 유니폼 색, 정열적인 마젠타, 톡톡 튀는 오렌지, 강한 의지의 래드, 선명한 블루 등을 상상해 봅시다.

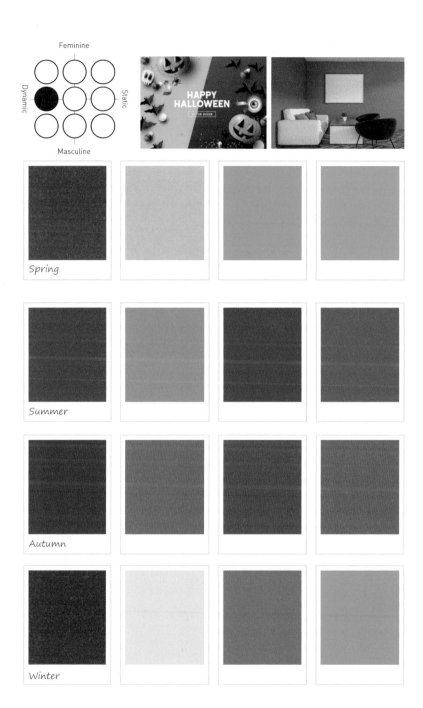

Feminine

Dynamic   Static

Masculine

HAPPY HALLOWEEN

Spring

Summer

Autumn

Winter

02 | 액티브 이미지 x 4계절 타입 패션

패션에서도 액티브 이미지는 활기차고 건강한 이미지를 전달할 수 있습니다.

브라이트 이미지보다 색, 무늬 소재 등이 강해서 더 역동적이며 에너지가 넘칩니다.

강한 채도의 색끼리 배색을 하여 개성 있는 이미지를 나타내면 좋고 흰색에 비비드(vv)톤의 래드, 오렌지, 그린을 넓게 사용해도 됩니다.

무늬는 사선무늬, 체크무늬 · 기하학적 무늬, 꽃무늬 등 여성의 주먹 정도 되는 무늬의 크기를 활용합니다. 소재는 거칠거칠한 것, 얇은 것보다 튼튼하고 힘있는 소재가 좋으며 쾌적한 느낌을 주는 스포츠웨어의 소재도 좋습니다. 색+무늬+소재를 모두 맞춰 입으면 액티브한 감성을 완벽히 느낄 수 있지만, 색이 너무 부담스러우면 밝은 색에 비비드한 로고나 무늬를 크게 넣어도 좋고 부드러운 소재도 배색의 차이를 강하게 가져가면 됩니다.

Spring

Summer

Autumn

Winter

Chapter

자연스럽고 안정된
내츄럴Natural 이미지

01 | 내츄럴 이미지 컬러 팔레트

옆의 색을 통해 먼저 내추럴 이미지의 감성을 느껴봅시다.

내추럴 이미지는 중간 밝기, 중간 채도의 색으로 평온하고 안정적인 숲의 이미지와 소박하고 따뜻한 이미지를 느끼게 해줍니다. 자연의 색, 온화한 베이지, 올리브그린, 사막의 색, 오렌지빛 브라운, 가을 은행 색 등 상상하면 내추럴 이미지의 감성을 이해하기 쉽습니다.

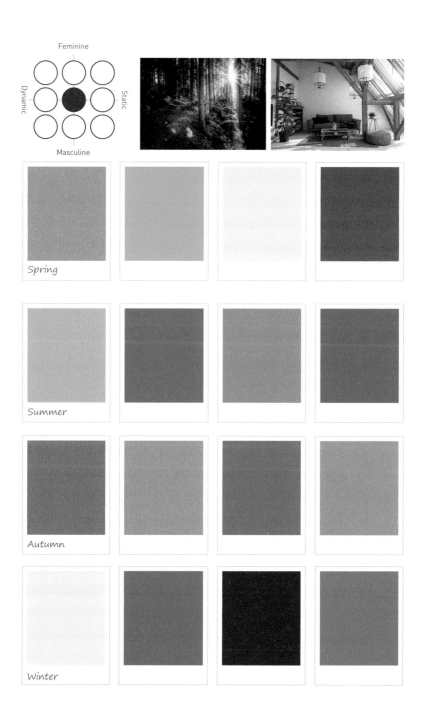

Feminine

Dynamic

Static

Masculine

Spring

Summer

Autumn

Winter

02 | 내츄럴 이미지 x 4계절 타입 패션

패션에서도 내추럴 이미지는 온화하고 편안한 이미지를 보여줄 수 있습니다.

내츄럴 이미지는 색, 무늬, 소재의 무게와 강도가 9가지 이미지의 중간에 위치합니다.

따라서 색의 이미지도 중간 톤이 많으며 그린, 카멜, 베이지, 올리브 같은 색들이 패션 컬러로 대표적입니다. 소프트(sf), 딜(dl), 라이트 그레이시(ltgy)톤 안에서는 자유롭게 배색해도 되며 강한 색, 어두운 색을 포인트로 함께 사용해도 괜찮습니다. 무늬는 체크무늬 페즈레, 자연 테마 무늬 등 폭넓게 선택해도 되지만 너무 작은 무늬나 섬세한 무늬, 잔잔한 체크는 어울리지 않습니다. 소재는 적당히 부드러운 면 소재나 마, 린넨 같은 자연 소재가 좋고 광택감이 없는 소재를 사용합니다.

Spring

Summer

Autumn

Winter

우아하고 품위 있는
엘레강스 Elegance 이미지

01 | 엘레강스 이미지 컬러 팔레트

엘레강스 이미지는 부드러운 회색빛이 차분하면서 우아한 모드로 전달됩니다.

기품있는 퍼플 계열이 다양한 색조 영역으로 그레이와 만나면 완숙한 여성의 분위기를 나타내며 고급스러운 퍼플리시한 색채, 중명도의 그레이, 온화한 베이지, 중간 톤의 차분한 블루 등을 상상하면 엘레강스 이미지의 감성을 이해하기 쉽습니다.

02 | 엘레강스 이미지 x 4계절 타입 패션

패션에서도 엘레강스 이미지는 성숙하고 기품 있으며 세련된 이미지로 보이게 합니다.

엘레강스 색의 이미지는 세련된 그레이시(gy), 고급스러운 덜(dl), 부드러운 소프트(sf)톤을 사용하고 배색은 동일 색상이나 동일 톤, 유사 색상 배색을 합니다. 무늬는 직물무늬, 섬세한 무늬를 사용하며 옅은 페즈레나 당초무늬도 좋습니다.

소재는 고급스러운 정장 소재, 광택이 있는 것, 섬세하고 부드러운 촉감의 소재가 좋습니다. 흐린 색이 어울리지 않을 경우 전체 배색의 차이를 없애고 고급소재를 활용해봅시다.

자신의 퍼스널컬러 타입이나 시즌에 따라 아래 있는 색을 적용해봅시다(퍼스널컬러는 Part 3을 참고하세요).

Spring

Summer

Autumn

Winter

Chapter

대담하고 모험적인
볼드^{Bold} 이미지

01 | 볼드 이미지 컬러 팔레트

볼드한 이미지는 어두운 색과 강한 컬러의 대비로 9가지 이미지 중
가장 파워풀한 힘이 느껴지며 대담하고 강렬한 인상을 전달합니다.
에너지 넘치는 강한 오렌지, 와일드한 래드, 해바라기 노랑처럼 화려
한 색들이 블랙하고 조화되는 것을 상상하면 볼드 이미지의 감성을
이해하기 쉽습니다.

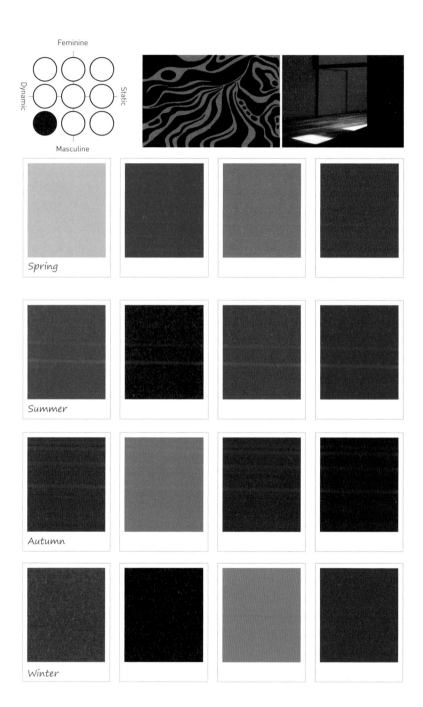

Feminine

Dynamic

Static

Masculine

Spring

Summer

Autumn

Winter

02 | 볼드 이미지 x 4계절 타입 패션

패션에서도 볼드 이미지는 깊은 인상을 줄 수 있고 액티브 이미지보다 건강하고 파워풀한 느낌을 전달할 수 있습니다. 흰색보다는 검정을 바탕으로 강한 색을 배색하거나 어스컬러(earth color)에 딥(dp)톤, 비비드(vv)톤 등 강한 색을 대비시켜도 좋습니다.

굵은 가로줄무늬, 큰 문자나 문장무늬, 큰 자연 테마무늬, 큰 꽃무늬, 눈에 띄는 표범무늬 등 사람의 주먹 크기보다 큰 무늬가 좋습니다. 소재는 거친 느낌의 소재가 잘 어울리며 굵은 짜임, 무겁고 튼튼한 소재가 좋습니다. 너무 얇거나 섬세한 소재는 어울리지 않습니다.

강한 색이 부담되면 어두운 색에 큰 패턴, 무거운 소재를 선택합니다.

자신의 퍼스널컬러 타입이나 시즌에 따라 옆에 있는 색을 적용해 봅시다.

이때 Part 3에 나와 있는 퍼스널컬러 팔레트를 참고하여 메인컬러를 선택하고 옆의 배색과 비슷한 느낌으로 연출해 보세요.

Spring

Summer

Autumn

Winter

Chapter

8

도시적이고 당찬
매니시Manish 이미지

01 | 매니시 이미지 컬러 팔레트

매니시 이미지는 어둡고 깊은 색조로 색상의 억제를 통해 세련되고 도시적인 느낌을 줍니다.

위엄있는 신사복의 색채, 세련된 다크블루, 브라운, 어두운 잎사귀의 녹색, 블랙, 실버 등을 상상하면 매니시한 이미지를 이해하기 쉽습니다.

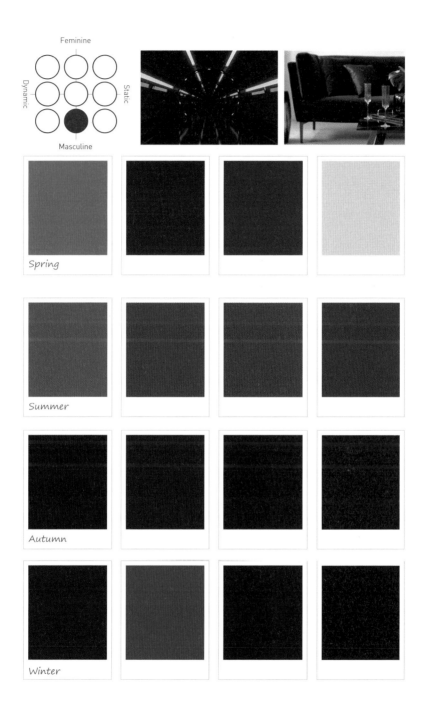

Feminine

Dynamic

Static

Masculine

Spring

Summer

Autumn

Winter

02 | 매니시 이미지 x 4계절 타입 패션

패션에서 매니시 이미지는 당차고 세련된 이미지, 전략가 이미지, 커리우먼의 느낌을 전달합니다. 블랙, 네이비, 블랙키시(bk), 딥(dp), 다크(dk)톤들이 주로 사용되며 녹색, 브라운색의 포인트를 더하면 따뜻한 느낌을 줄 수 있고 와인색, 실버, 강한 블루를 포인트로 사용하면 도시적이고 세련된 이미지를 줄 수 있습니다. 어두운 색끼리 유사 색상, 유사톤, 대조 색상 배색도 좋습니다. 무늬는 스트라이프, 체크, 스티치, 헤링본, 기하학적 무늬가 좋고 무늬가 없어도 됩니다.

소재는 두껍고 튼튼하며 움직이기 편한 소재가 좋습니다. 하우드투즈, 코듀로이도 잘 어울리며 표면이 많이 거친 것, 가벼운 소재는 어울리지 않습니다.

밝은 컬러를 사용하고 싶다면 이너나, 스카프의 색을 밝게 포인트를 주고 세련되게 연출하는 것이 좋습니다.

Spring

Summer

Autumn

Winter

Chapter

신뢰감이 높고 성실한
클래시^{Classy} 이미지

01 | 클래시 이미지 컬러 팔레트

클래시 이미지는 어둡고 차분한 컬러들로 젊잖고 격조 높은 분위기를 전해줍니다.

모던한 블랙이 대표이며 무난한 명도 그라데이션, 차분한 인디고, 깊이 있는 바이올렛, 깊은 녹색 등을 상상하면 클래시 이미지를 이해하기 쉽습니다.

Feminine

Dynamic

Static

Masculine

Spring

Summer

Autumn

Winter

02 | 클래시 이미지 x 4계절 타입 패션

패션에서도 클래시 이미지는 도덕적이고 예의 바른 이미지와 품위 있는 느낌을 함께 줄 수 있습니다. 무채색, 블랙키시(bk), 다크(dk), 다크그레이시(dkgy)톤에서 네이비, 브라운, 어두운 청녹색, 어두운 퍼플 등을 블랙과 함께 배색하면 격조 있어 보입니다.

무늬는 직물무늬, 옅은 색의 줄무늬, 눈에 띄지 않는 꽃무늬, 체크무늬가 좋고 좌우대칭이 맞는 무늬를 사용합니다. 소재는 두꺼우면서 품격있는 소재를 활용하고 섬세하고 부드러운 촉감이 좋습니다. 밝은 컬러를 사용하고 싶다면 이너나 스카프의 컬러를 흰색, 옅고 밝은 컬러로 포인트를 주되 고급스러운 소재를 활용하면 됩니다.

Spring

Summer

Autumn

Winter

Chapter

9가지 이미지
일러스트

브라이트 이미지

쿨 시크 이미지

* 휴대폰 사진을 그림과 같이 일러스트 위에 얹어 어울리는 이미지를 확인해 보세요.

01 | 여성 이미지

브라이트 이미지

페미닌 이미지

쿨 시크 이미지

액티브 이미지   내츄럴 이미지   엘레강스 이미지

볼드 이미지   매니시 이미지   클래시 이미지

02 | 남성 이미지

브라이트 이미지　　　　페미닌 이미지　　　　쿨 시크 이미지

액티브 이미지   내츄럴 이미지   엘레강스 이미지

볼드 이미지   매니시 이미지   클래시 이미지

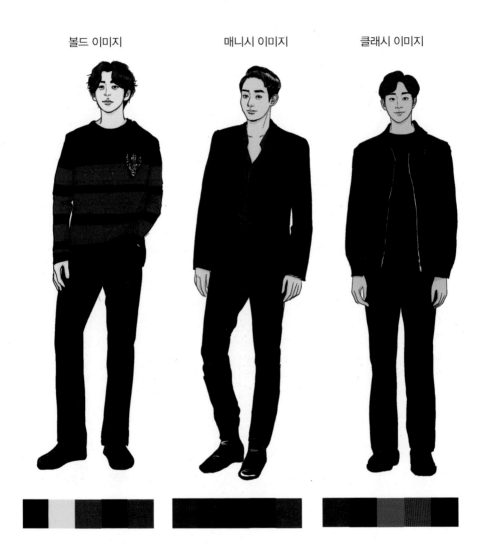

이 책은 퍼스널브랜딩이 중요한 시대에 누구나 색과 이미지를 전략적으로 잘 사용하였으면 하는 바람으로 완성하게 되었습니다. 이미지 공부를 시작하면서 마케팅도 같이 공부하였는데 그때부터 색과 이미지를 마케팅 관점에서 생각하기 시작했습니다. 이미지는 단순히 디자인뿐만 아니라 인식까지 변화시켜줌으로써 자기 스스로에 대한 가치를 높일 뿐만 아니라 타인과의 소통에도 도움을 주기 때문에, 한 사람의 가치를 보여주고 다른 사람의 마음을 설득할 수 있는 훌륭한 도구입니다. 어울리는 색과 이미지를 긍정적으로 받아들이는 분들도 계시지만, 그러한 색이나 이미지를 싫어하시거나 꺼리시는 분들도 계실 것으로 생각합니다.

만약 색이 마음에 들지 않으신다면 "싫어하는 색을 특별히 사용하려고 노력을 기울이면 결국 그 색과 사랑에 빠지게 된다"라고 하였던 색채학자 요제프 알버스의 말을 믿어 보시라고 권해드립니다.

중요한 날, 특별한 날 나에게 어울리는 색과 이미지를 활용하여 더욱 특별한 하루를 만드시길 바랍니다.

저를 믿고 자신의 이미지를 찾고자 노력해준 고객 여러분께 감사함을 전합니다. 또한 색과 이미지를 가르쳐주신 모든 스승님께 감사의 마음을 전합니다. 특히 김옥기 선생님, 가와나미 다카꼬 선생님, 송은영 교수님, 김미진 대표님, 조미경 대표님, 김경호 교수님과 홍익대학교 대학원 색채 전공 교수님들께 감사의 마음 전합니다.

색채연구에 많은 영향을 준 색채학자들과 '테이스트스케일 매소드'를 만든 故 사토쿠니오 선생님의 업적에 다시 한번 놀랐고, 더불어 감사한 마음이 들었습니다.

저를 믿고 좋은 출판사를 연결시켜준 엔터스코리아 대표님께 감사함을 전합니다.

첫 기획서를 본 출판사 대표님께서 "20년 넘게 출판일을 했지만 이런 책을 출판한 적도, 본 적도 없어요"라고 하며 걱정하셨던 것이 생각납니다. 그때 속으로 '안 되면 어떡하나. 꼭 세상에 내보내고 싶은데……'라고 생각했었습니다.

출판이 결정된 후 2년이 넘는 시간을 기다려주셨는데 전화로 매번 "잘 나오는 것이 중요하니 천천히 하세요. 기다릴게요."라고 얘기해주셔서 여유 있게 글을 완성할 수 있었습니다. 이코노믹북스 유창언 대표님께 감사의 마음을 전합니다.

유능한 편집디자이너와 일러스트 작가님 덕분에 제가 쓰고 싶은 책을 완성할 수 있었습니다. 감사드립니다.

책을 쓰기 시작하던 시기에 일주일에 4일은 대만에서 대학교 조교수로 일하고, 3일은 한국에서 교육했으며 일본에 공부하러 다녀야 했었습니다.

이렇게 세 나라를 다니면서 글을 쓰는 경험을 했는데 그때 만난 여러분께 감사드립니다.

한번은 대만 대학교 수업을 마치고 한국에 와서 교육을 하고, 다음 날 공부하러 일본으로 갔었던 적이 있습니다. 그때 마침 가와나미 선생님의 딸이 출산하게 되어 수업을 못 받게 되면서 이틀이나 일본에서 시간을 보내게 되었는데, 우연히 들린 서점에서 이미지와 관련된 책이 많은 것을 보고 동기부여가 되어서 가장 고민이었던 프롤로그를 쓰기 시작했습니다. 그렇게 일본에서 이틀 만에 글을 완성했는데 책을 모두 마친 것처럼 기뻤던 일이 생생하게 기억납니다.

그리고 대만 대학교 연구실에서도 틈틈이 글을 썼습니다. 한국에서는 일이 많고 신경 써야 할 것들이 많아서 집중할 수 없었는데 많은 배려를 해준 대만 대학교 교수님들께 감사합니다.

이미지 공부를 처음 시작했을 때부터 지금까지 격려와 지지로 힘을 주시는 김형환 교수님, 최연매 회장님, 책을 쓰겠다고 했을 때 시간과 지식을 나눠주신 맹명관 교수님, 책과 마케팅에 아낌없는 조언을 해준 임헌수 소장님 감사합니다.

"책은 언제 나오나요?"라며 몇 번씩이나 물어보시고 응원해준 이미지민 수강생 분들께 감사드립니다. 이미지민의 많은 특허도 수강생 분들의 지지와 피드백이 없었으면 세상에 나오지 못했을 겁니다.

또한 지금도 끊임없이 도전하게 만들고 영감을 주는 색채, 이미지 관련 종사자 동료들 모두에게 존경심과 감사함을 표합니다. 책의 고민을 함께 나눠준 송이, 박화진 선생님, 내 일을 한결같이 지지하고 응원해 주는 세미, 서연이, 김봄과 언니들, 한림에게 감사함을 전합니다.

책을 쓰면서 힘든 순간이 많았는데 그때마다 많은 용기를 준 우리 가족 감사하고 사랑합니다.

프로그램 소개

- 기업교육, 개인 컨설팅, 자격과정을 운영하고 있으며 온라인과 오 프라인 모두 진행합니다

- 상세 내용: 이미지민 홈페이지

- 기업교육 문의: smin6823@naver.com

- 개인컨설팅, 자격과정 예약 및 상담은 카카오 아이디 : 이미지민으 로 연락 가능합니다.

- 쿠폰 내용:

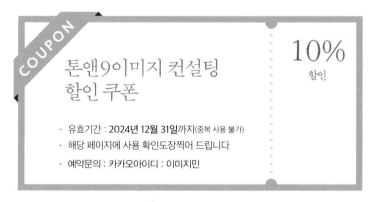

COUPON

톤앤9이미지 컨설팅
할인 쿠폰

10% 할인

- 유효기간 : 2024년 12월 31일까지(중복 사용 불가)
- 해당 페이지에 사용 확인도장찍어 드립니다
- 예약문의 : 카카오아이디 : 이미지민

기업 교육 및 컨설팅

1. 교육 주제

〈비즈니스 이미지 마케팅〉, 〈퍼스널컬러 이미지 마케팅〉

2. 대상

대기업, 공기업, 소상공인, 학교, 단체 등

3. 교육내용

호감 가는 이미지를 만들기 위한 전략적인 방법을 교육합니다.
대상과 목적에 따라 내용은 변경될 수 있습니다.

〈비즈니스 이미지 마케팅〉	〈퍼스널컬러 이미지 마케팅〉
· 얼굴 이미지와 첫 인상 · 어울리는 색과 이미지 · 품격있는 비즈니스 패션전략 · 뷰티 이미지관리	· 색과 이미지의 중요성 · 퍼스널컬러와 이미지 진단 · 어울리는 패션 이미지 연출법 · 어울리는 뷰티 이미지

4. 교육 인원 및 기간

- 단체 :오프라인/온라인(ZOOM) 교육 가능
- 소규모그룹: 오프라인/온라인(사진분석) 교육, 컨설팅 가능
- 시간 협의

개인 컨설팅 프로그램

1. 주제

〈톤앤9 이미지컨설팅〉, 〈이미지마케팅 클래스〉

2. 컨설팅 대상

직장인, 학생, 강사, CEO, 공무원, 전문직, 프리랜서, 주부 등 이미지 변화가 필요한 분, 어울리는 이미지를 코칭받고 싶은 분.

3. 컨설팅 내용

〈톤앤9 이미지컨설팅〉	〈이미지마케팅 클래스〉
· 특허진단법으로 베스트 컬러 진단 · 9가지 이미지 진단 · 직업, 라이프스타일에 맞춰 어울리는 스타일 제안	· 이미지, 컬러의 중요성 · 개인 이미지 분석 · 패션 스타일 학습
컨설팅 기간 및 인원	스터디 기간 및 인원
· 1회 · 오프라인/온라인(사진분석)으로 진행 가능	· 2~3회 · 소규모 진행 · 온라인(ZOOM)으로 진행

전문가 양성 프로그램

1. 주제

〈PIA이미지 자격 과정〉〈퍼스널컬러 자격증 과정〉〈22테이스트스케일 매소드 자격 과정〉

2. 교육대상

이미지 전문가가 되고 싶은 분, 퍼스널컬러 컨설턴트가 되고 싶은 분, 자신의 업무에 적용하고 싶은 뷰티, 패션, 디자인 분야 종사자

3. 내용

〈PIA이미지 자격 과정〉

퍼스널 이미지 애널리스트로 고객에게 설득력 있고 신뢰감 있는 컨설팅을 해주기 위해 필요한 기술과 지식을 익힐 수 있도록 교육합니다.
* 시험합격 후 PIA 1급 자격증 취득가능

- 이미지 애널리스트의 역활
- 퍼스널컬러 분석 및 진단법
- 9가지이미지 분석 및 진단법
- 바디 이미지 분석 및 진단법
- 뷰티 이미지 분석 및 진단법
- 이미지 컨설팅 실기

〈퍼스널컬러 자격증 과정〉

퍼스널컬러 컨설턴트로 개개인에 어울리는 색을 진단하고 컨설팅을
할 수 있도록 교육합니다.

＊ 시험합격 후 퍼스널컬러 자격증 취득가능

- 퍼스널컬러 색채학
- 퍼스널컬러 색 분류
- 퍼스널컬러 진단 시스템
- 뷰티 색 분석 시스템

〈패션 이미지스케일 전문가 과정〉

사람마다 가진 개성과 패션 유형을 9가지 또는 22가지로 나눠 놓은
이미지스케일을 익혀 활용할 수 있도록 교육합니다.

＊ 일본 테이스트스케일 매소드 자격증 취득, PIA이미지 자격증 응시가능

1 9가지이미지 전문가 과정

- 이미지스케일의 구조
- 9가지 이미지분류법
- 9가지이미지 X 퍼스널컬러
- 9가지이미지 얼굴 진단법
- 뷰티 이미지 분석
  ＊ PIA이미지 자격증 응시가능

2 22테이스트스케일 매소드 자격과정

- 이미지스케일의 구조
- 22가지 패션이미지 분석
- 테이스트스케일 진단법
- 테이스트스케일 연출방법

참고문헌

- 감성마케팅〉, 사토쿠니오, 히라사와데츠야, 이해선 옮김, 1998
- 내 삶에 색을 입히자〉, 하워드 선, 도로시 선, 예경북스, 2013
- 색깔의 힘〉, 파럴드브렘, 김복희 옮김, 2002
- 색채디자인 교과서〉, 문은배, 2011
- 색채용어사전〉, 박연선, 예림, 2007
- 색채심리〉, 스에나가타미오, 박필임 옮김, 2001
- 색채조형의 기초〉, 박은주, 미진사, 2001
- 톰피터스 엔센셜 디자인〉, 톰피터스, 정성묵 옮김, 2006
- カラーオブミーファッションマニュアル〉, 佐藤邦夫, 川浪たか子著, 青娥書房, 2005
- メガネ美入のおしゃれルール〉, 八尾典子, 2011
- 心を伝える配色イメージ〉, 日本カラーデザイン研究所, 2008
- 配色方案入門〉, 日本色彩設計研究所, 邦聯文化, 2019
- 配色寶典〉, 久野尚美 FORMS色彩情報研究所, 人人出版, 2019
- JAPAN PERSONAL COLOR〉, NPO法人日本パーソナルカラー協会, 2020
- はじめてのパーソナルカラー〉, トミヤマ/マチコ, 2013
- Colour, A Workshop For Artists and Designers Second Edition>, David Hornung, LAURENCE KING, 2012
- Josef Albers Interraction of Color 50th Edition>, Albers, Josef Yale University Press, 2013
- ROYG.BIV>, Jude Stewart, BLOOMSBURY, 2013
- The Complete Color Harmony, Pantone Edition>, Leatrice Eiseman, ROCKPORT, 2017